史資料と問いから考える

# 歴史総合

## トレーニング

北海道高等学校世界史研究会 編著

清水書院

# まえがき

　令和4年度4月より、新しい科目、歴史総合がスタートしました。
歴史総合は、現在発生している様々な問題に対して、その問題とどう向き合い取り組んでいくかを1人1人が構想するために、現代的な諸課題が近現代の歴史の中でどのように形成されてきたのかを、世界の歴史と世界の中の日本という視点から考察する科目です。ここでは、今まで重要視されてきたような、「歴史の用語を覚える」だけではなく、「歴史の事象にどんな意味があるのかを理解して、現在を読み解くために用いる」ことが目指されているのです。もちろん、これは歴史の知識を軽視するものではありません。知識を覚えること自体が目的なのではなく、課題解決のために構想するという目的のために、知識を使いながら身につけて行くというものなのです。みなさん自身が歴史家のように、歴史を実践していくことが目指されているのです。

　歴史を実践していくために手がかりとなるのは、資料です。資料は過去の人たちが、誰かに何かを伝えようと残した過去の痕跡なのです。資料から読み解いた情報を元に考察し、課題に対する自分自身の見解を表現しましょう。そのためには、まず資料を正しく読めるようになる必要があります。歴史における読み取りは、国語の読み取りとは少し異なります。この力も、本書『歴史総合トレーニング』を通して身につけて行きましょう。

　最初に現代的な諸課題を考察することについて述べましたが、そのためにはみなさん自身がどのような課題意識を持って歴史に向き合うか、が重要になってきます。歴史実践は用語を覚えて一問一答問題に答えることではなく、自分自身で課題を見出して仮説を立て、その仮説を資料を通して考察・検証し、課題解決のための構想を相手に伝わるように表現する、ということなのです。自分自身が向き合うべき課題を自分で設定することが必要なのですね。これは、今教育で重要視されている「探究的な学び」にも通じるものです。表現する問いには優劣はありませんが、答えが明らかな問いから、人によって答えが異なるような問いに至るまで、様々な「深さ」があります。探究的に学ぶためには、答えが明確な問いではなく、様々な視点から多様な考察が出来る「深さ」の問いが必要になります。最初から、「深い」問いを立てるのは難しいです。大切なのは学習を通して学んだことや気づいたことを通して問いを深めて行き、自分が立てた問いを、アップデートしていくことです。学習を進めながら「問いを表現する力」すなわち、「探究するべき課題を切り取る力」を磨いていきましょう。

　これらのことを踏まえて、本書は、本書に取り組むみなさん自身が歴史を実践し、歴史総合で求められている力を身につけられるよう、現役の高校教員が「自分の生徒にこのような授業をしたい」という思いをもって作成しました。歴史総合の学びを通して、現在の世界を歴史を通して考察する眼を養い、いろいろな角度から物事を考える力と習慣を身につけましょう。

注）歴史実践については、小川幸司「〈私たち〉の世界史へ」（『岩波講座　世界歴史 01　世界史とは何か』岩波書店、2021 年）を参考

# もくじ

---

凡例

引用した文字史料について、
・学習上必要な範囲にとどめています。
・原則として「前略」「後略」などの表記は省略し、「中略」は「……」で示しています。
・原典表記のカタカナはひらがなに、旧字体は適宜新字体に直しています。
・適宜、一部改変や要約をしたり，口語訳したりした場合があります。
・本書においておぎなった補足や説明などは〈　〉で付記しています。

本書は、歴史総合の趣旨を踏まえて第1部〜第5部で構成されています。
それぞれの部で身につけるべき目標が設定されていますので、しっかりと取り組んでください。

## 第1部　歴史と私たち

第1部ではこれから歴史総合を学んでいくうえで必要となる、自分の身の回りの歴史や歴史の資料について学びます。資料や本文を読み解き、自分自身の言葉にまとめましょう。

## 第2部　近代化と私たち
## 第3部　国際秩序の変化や大衆化と私たち
## 第4部　グローバル化と私たち

第2部から第4部については、問いに基づき具体的な歴史の事象を考察し学びます。
各部は3つのパートからなります。

### A 近代化／大衆化／グローバル化を読み解く問いを表現する

近代化／大衆化／グローバル化を学んでいく上で、自分の関心に基づいて近代化／大衆化／グローバル化を読み解いていくためのテーマを、問いの形で表現します。素朴な疑問から始まって、問いの形にブラッシュアップしていきます。問いは、「私にとっての近代化／大衆化／グローバル化」を解釈していくための鍵になります。最初から目指すような問いを表現できるわけではありません。学習を進めながら、「問いを表現する力」を身につけて行きましょう。

問いを表現したり、歴史を考察したりする際には、以下の視点を意識すると良いでしょう。一つだけでなく、複数を組み合わせて考えることで、より思考に深みを持たせられます。表現した問いに仮説を立て、歴史的事実を学ぶ中から、仮説が正しかったのかどうか検証していくように学んでください。

問いは各自が自分の関心に従って表現するものなので、「正解」のようなものはありません。解答には、考えるヒントとして問いの事例を掲載しますが、あくまで例であって、この通りにならなければならないというものではありません。

#### 視点と問いの例

**①時期や年代**

例)「○○はいつの出来事だろうか。同じ時期に他の地域ではどのようなことが起こっていたのだろうか」
　　「その事象はどういった経緯で起こったのだろうか」

**②過去の理解**

例)「当時の人々はなぜそのような選択をしたのだろうか」

**③変化**

例)「○○によって、何が変わったのだろうか／変わらなかったのだろうか」

**④比較（共通点や相違点）**

例)「どのような共通点や相違点があるのだろうか」
　　「その違いが生じたのはなぜだろうか」
　　「共通点に着目すると、どのような傾向が読み取れるのだろうか」

**⑤意味や意義・特色**

例)「その事象は、当時の人々によってどのような意味を持っていたのだろうか」
　　「その事象は、違う立場から考えると、どのような意味があったと考えられるのだろうか」

**⑥現在とのつながり**

例)「過去の事象と類似した現代の事象は何だろうか」
　　「この事象は、私たちにとってどのような意味を持っているのだろうか」
　　「現在起こっているこの事象は、この後、どのようになることが望ましいのだろうか。
　　　それが実現されるためには、過去の事例を踏まえると、どのようなことが必要なのだろうか」

## B 近代化／大衆化／グローバル化を考察するための具体的な歴史事象

　Aで表現した問いと問いへの仮説を検証していくために、具体的な歴史事象を学びます。このパートは以下の３つ部分からなります。

　　**①史実の知識を整理・確認するための穴埋めワーク**
　　**②問いに基づいて史実を学び、思考を整理するためのまとめ**
　　**③資料の読み取りと思考のためのワーク**

　歴史の知識は単独で存在するものではありません。穴埋めワークにおいては、まとまりごとに課題が設定されています。課題を考察する材料として個々の史実の知識があるのです。教材で提示された課題と自分がAで表現した問いを頭に置いて、課題を解決するために歴史の知識を活用し、身につけていきましょう。まとまり毎の問いについて考察するため、まとめにも必ず取り組んでみてください。

　歴史総合では、資料から情報を読み取り、読み取った情報を元に課題に沿って考察することが求められます。そのため、この教材では穴埋めワークと思考を深めるための資料読み取りワークをセットにして構成されています。中には答えが明らかではない問いや活動もあり難しく感じるかもしれませんが、答えのない課題に対して資料を基に根拠を明確にして自分の考察を深めていくのが歴史実践です。学習した知識と読み取った情報を基にしっかりと考察して、自分の考えを表現して下さい。この部分については、様々な答えが起こりうる課題に対しては、解答冊子においては「解答例」を記載しています。これは「正解」ではありませんので、自分自身の見解を評価する際の参考に使って下さい。

## C 現代の諸課題と近代化／大衆化／グローバル化のまとめ（探究活動）

　各部の最後には、現代の諸課題が近代化／大衆化／グローバル化それぞれの局面で、どのような現れ方をし、現在の私たちに何をもたらしているのかを考察する活動が組み込まれています。歴史を「自分ごと」として考えるために、現在を生きる我々の目から歴史を評価するつもりで取り組みましょう。こちらについても、「正解」というようなものはないので、解答冊子には「解答例」を掲載しています。

　現代の諸課題とグローバル化については、自分自身で追究するテーマを設定して仮説を立て、考察していく形になっています。これまで身につけた力を発揮して、探究的に学び自分の見解を表現しましょう。

## 第５部　探究活動

　　　第２、３、４部のまとめでは、教材のリードに沿って探究活動をしました。この部では皆さんが、自分自身で取り組むべきテーマを設定して、探究にチャレンジしてください。

　　　　　　　　　　　　　　　　　　　　　　　　皆さんの頑張りを期待しています。

◆ 単元をつらぬく問い

私たちはどのようにして歴史を学ぶのだろうか

　私たちが歴史を読み解く際には、様々な資料（史料）が活用できます。ここでは、様々な地域にも存在する史跡や碑文を具体例にあげ、私たちの住む地域でのできごとが日本や世界の歴史とつながっていること、また、資料から歴史を読み解く方法について考えていきます。以下の会話文の穴埋めをしながら、歴史の学び方について考えていきましょう。

【先生】
　それでは、今日の授業を始めましょう。初めに、この写真を見てください。これは、私たちの町にある銅像と石碑なのですが、これは何のためのものでしょうか。

▼北海道札幌市にある屯田兵顕彰之像

【生徒】
　銅像の服装が軍服のようなので、（①　　　　　　）のものでしょうか。銅像が指を指して明日を見据えているようなので、何かの指導者にも見えます。

▼銅像の下に記されている碑文

B　　　　　　　A

屯田兵顕彰之像

わが町屯田の基礎を築いたのは屯田兵第一大隊第四中隊で明治二十二年七月十五日 二百二十家族 千五十六人でこの地に入植した

この地に入植したこの屯田兵には二大使命があった一つには屯田兵として北辺防備の第一線に献身すること二つには北海道開拓の先駆者となることであった

この地に入植した屯田兵は 熊本県四十六戸 山口県四十三戸 和歌山県三十七戸 石川県三十二戸 徳島県二十九戸 福井県二十戸 福岡県十三戸 各県の士族で 寒冷不毛に耐えて家族とともにこの使命に服した

兵は連日厳格な軍律のもと教練を受けて開墾に励み本道開拓の大いなる使命を遂行 大自然の猛威もよく克服して子孫のため 楽土建設に汗を流した 石狩川の氾濫洪水の惨禍を受けしも自然の暴威は農民の魂である 天災は必ずしも自然の暴威ばかりでなく人為の貧因が天災を生むのであると励ましあい 明治四十五年 土功組合の結成を企画したのである 水田造成によって部落更生の策は前進したのである 永年に亘っての水田耕作経営により今日の興隆を迎えた 水利権を守り

では次に、台座の碑文に何が書かれているかを見てみましょう。碑文から何が読み取れますか？

【生徒】
屯田兵について書かれています。この碑文によると、私たちのまちに入植した時期は、（②　　　　　　　　　　　）だったのですね。

屯田兵については、これまでどんなことを学習しましたか？

中学校のとき、明治時代の北海道で、入植した土地の（③　　　　　　　　）と北海道の（④　　　　　　　　）の両方に従事する人たちだと習いました。碑文にもそう書いてあります。私たちのまちを開拓したのは、様々な地方からやってきた（⑤　　　　　　　　）たちだったのですね。

A

わが町　屯田の基礎を築いたのは　屯田兵第一大隊第四中隊で　明治二十二年　七月十五日　二百二十家族　千五十六人で　この地に入植した

B

この屯田兵には二大使命があった　一つには屯田兵として北辺防備の第一線に献身する　二つには北海道開拓の先駆者となることであった　この地に入植した屯田兵は　熊本県四十六戸　石川県三十二戸　山口県四十三戸　和歌山県三十七戸　徳島県二十九戸　福井県二十戸　福岡県十三戸　各県の士族で寒冷不毛に耐えて家族とともにこの使命に服した

この銅像が置かれている広場には、このような石碑もあります。

私たちのまちに、屯田兵の本部が置かれていたということですね。
だから、私たちの住む地区の名は「屯田」なのですね。

他にこれらの石碑から読み取れることや、疑問に思ったことはありませんか？

屯田兵なのだから、入植した人は農民であると同時に軍人でもあるわけですよね。
ということは、この地区の先達（せんだつ）も戦争に参加していたのでしょうか。

▼銅像と同じ広場にある石碑

屯田兵第一大隊第四中隊本部跡

なるほど。それでは、こちらの石碑と碑文も見てみましょう。何が読み取れますか？

このまちの方も（⑥　　　　　）戦争と（⑦　　　　　）戦争、（⑧　　　　　）戦争に参加したのですね。自分の身の回りの人が世界の歴史に関わっていたことを知り、少し驚いています。

このまちの方々も、日本国民として国のために命がけで最前線に立ったのですね。

## 碑文

屯田開基一〇〇年を迎え　今日の発展の基礎を築いたのは　屯田兵が北辺防衛の第一線を守り開墾を進めるなか　明治三十七年二月十日　対露宣戦の大詔発せられ　屯田兵に動員令が下りも戦の大半が召集され　部隊は第二十五連隊とや二田十八連隊で満洲国に出征　旅順包囲作戦に奮戦し遼陽奉天大会戦に後備野戦補充隊で乃木大将指揮下の第三軍に編入し二〇三高地の攻防戦や参加し戦火に斃れたのは十一名である昭和時代に再度戦争状態に入る昭和六年九月満洲事変勃発する　昭和十二年七月盧溝橋爆破により支那事変となる　この間長きに十二月八日太平洋戦争に突入する　昭和十六年現役兵召集兵として共に満洲支那大陸南方諸島海域沖縄中部太平洋海域北方海域亘り諸島列島樺太の各所に転戦かずかずの蹄々た千島列島武勲戦果を挙げしも国力尽きて　昭和二十年八る十五日終戦を迎えた　この戦争に出征した戦諸兵は陸軍海軍空軍に一四一名が参戦し火に斃れた勇士は二十名である

　ちょっと待ってください。それは、碑文からは読み取れませんね。歴史を読み解くには資料が必要ですが、資料を読み解く際には、客観的に読み取れることと自分の考えをしっかりと区別する必要があります。その資料が誰によって何のために作られたものかも大事です。思い込みをもって資料を読むと読み違いが起こってしまいますよ。

　さらに言うと、「日本国民」とはどういうものなのでしょうか。「日本国民」というものが歴史の中でどのような変化をし、現在に至ったのかを考えることが大切です。当たり前だと思うことを色々な角度から再考察して、より深い理解をしていくのが、「歴史総合」という科目なのですよ。

**ワーク 1** ここであげた例のように、自分の身の回りで世界の歴史と結びついている事例をなるべくたくさん見つけ，書いてみましょう。

_____

_____

_____

_____

**ワーク 2** 歴史を読み解くための資料（史料）には、ここであげた石碑の他にどのようなものがありますか。思いつく限り書いてみましょう。

_____

_____

_____

_____

_____

**ワーク 3** 歴史の資料を読むときに気をつけなければならないことにはどのようなものがあるでしょうか。これまでの会話文を参考にまとめましょう。

_____

_____

_____

_____

_____

# 「近代化と私たち」の問いを表現する

◆以下にあげる資料は「近代化」の歴史に関連するものです。これらの資料を読み解きながら、これから「近代化と私たち」を学習するうえで、自分にとっての「近代化」を読み解くための「問い」を表現しよう。

## 1 経済的側面から"近代化"を考える

資料 1-1 世界における GDP に占める各国の割合

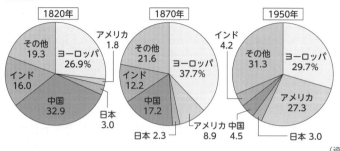

資料 1-2 一人あたり GDP の推移

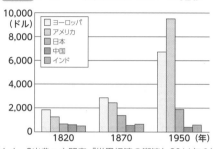

(資料1-1、2出典：内閣府『世界経済の潮流』2011年Ⅰ)

問1 資料 1-1、2について述べた下の文章について、正しければ〇を、間違っていれば×を（　）内に記入しよう。

（　）(1)中国の世界 GDP に占める割合は、この期間中低下を続けている。

（　）(2)アジア地域の世界 GDP に占める割合は、1820年には半分以上であったが、1870年には4分の1以下にまで低下した。

（　）(3)1820年から1950年までで見た場合、もっとも割合をのばしているのはアメリカである。

（　）(4)日本は世界における GDP、一人当たり GDP ともにこの期間中一貫して増加している。

（　）(5)ヨーロッパの1人当たり GDP は1820年から1950年にかけて3倍以上に増加した。

問2 資料 1-1、2を参考に、1820年から1870年にかけてアジアと欧米で生じた変化の経済的・政治的要因が何だったのかについて考えてまとめよう。

| アジア | |
|---|---|
| 欧米 | |

## 2 物、人の動きから近代化を考える

問3 資料 2-1の空欄A〜Cに適する語句として、正しい組み合わせは次のうちどれか。

ア　A：奴隷　　　　　　B：砂糖、コーヒー　C：火器、日用品

イ　A：砂糖、コーヒー　B：奴隷　　　　　　C：火器、日用品

ウ　A：火器、日用品　　B：奴隷　　　　　　C：砂糖、コーヒー

エ　A：火器、日用品　　B：砂糖、コーヒー　C：奴隷

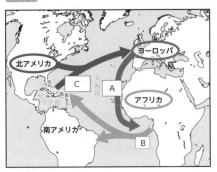

資料 2-1　18世紀の大西洋三角貿易

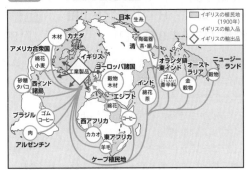

資料 2-2　19世紀末のイギリスを中心とした世界市場

**問 4**　資料 2-1、2 をヨーロッパとアメリカに着目して比較し、貿易の変化についてまとめよう。
18世紀のヨーロッパとアジア（特にインド・中国）との関係についても調べ、その変化をまとめよう。

| 欧米 | |
|---|---|
| 欧亜 | |

資料 2-3　環大西洋圏の地域別奴隷輸入数

| 年 | イギリス領北アメリカ | イギリス領カリブ | オランダ、デンマーク、フランス領カリブ | スペイン領 | ブラジル | その他 | 計 |
|---|---|---|---|---|---|---|---|
| 1501～1600 | 0 | 0 | 0 | 170,400 | 29,200 | 700 | 200,300 |
| 1601～1700 | 15,100 | 311,300 | 180,400 | 225,600 | 782,200 | 6,190 | 1,520,790 |
| 1701～1800 | 297,600 | 1,811,800 | 1,359,700 | 146,000 | 1,990,700 | 7,620 | 5,613,420 |
| 1801～1866 | 78,360 | 195,100 | 133,100 | 753,500 | 2,061,380 | 149,900 | 3,371,340 |
| 計 | 391,060 (3.7%) | 2,318,200 (21.7%) | 1,673,200 (15.6%) | 1,295,500 (12.1%) | 4,863,480 (45.4%) | 164,410 (1.5%) | 10,705,850 (100%) |

（『史料から考える世界史20講』岩波書店、2014年）

資料 2-4　アメリカへの移民数の推移

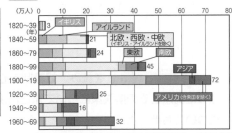

（『近代国際経済要覧』東京大学出版会、1981年）

**問 5**　資料 2-3について、地域別・世紀ごとの差異に着目し、読み取れることをまとめよう。また、
欧米諸国の奴隷貿易廃止がいつ頃起こったかについても調べてまとめよう。

| 読み取れること | |
|---|---|
| 奴隷貿易廃止 | |

**問 6**　資料 2-4について、19世紀前半に起こった変化とその要因（政治、経済、社会、技術など）
について考察してまとめよう。同様に世紀転換期に生じた変化とその要因についてもまとめよう。

| 19世紀前半 | |
|---|---|
| 世紀転換期 | |

## 3　奴隷制、移民について当時の文献資料から考える

**資料 3-1　ジェームズ・H・ハモンド上院議員の議会発言**（1858年3月4日）

（アメリカ合衆国の）南部では、北部が生み出すことのできない作物、それも素晴らしい作物をいくつか栽培できるのです。……もしも三年間、綿花が全く供給されなかったら、どうなるでしょうか。……あのイギリスは崩壊し、文明化された他の世界をもすべて巻き添えにするでしょう。……どのような社会においても、卑しい仕事や、生活に必要だけれども単調で骨の折れる作業に従事する集団が必要です。それは、知性も低く、熟練を必要としない人々の集団です。……この集団は、政治体制と社会の両方において、まさに最下層の人々です。……幸いなことに南部では、この目的に相応しい人種が見つかりました。それは明らかに劣等な人種でありながら、気質、熱意、従順さ、気候への順応性といった条件に適合しています。われわれは、彼らを奴隷と呼び、自らの目的のために使用しています。……南部の奴隷は、黒人という異なる劣等人種です。われわれが与えた身分は、彼らにとってみれば改善です。

**資料 3-2　エルンスト・ミデンドルフ『ペルー』**（1893年）

ペルーへの黒人輸入が禁止されてからというもの、奴隷制が（1861年）廃止されるずっと前から、大農園（アシエンダ）での労働者不足が目立つようになりはじめていた。とりわけ、サトウキビの栽培規模拡大に取りかかろうとするときは甚だしかった。仮にも白人の移民が多数いたならば、この不都合を取り除くにはもっとも好都合だったかもしれない。しかし、それには乗り越え難い障害が立ちはだかっていた。というのも、ペルーではヨーロッパからの入植者には合衆国におけるような自営農になる見込みはほとんどなかったからである。……農場主自身にとっても、第一級人種に属する人間を最下層の人種と同じ立場におくことなど、決して許されないことのように思われた。……そのため、移民は（ヨーロッパ以外の）別の地域に求められねばならず、農場主の目は中国に向けられたのであった。そこにはきつい畑仕事にも暑さにも耐えうる非常に多くの人々がいた。しかも、甚だしい貧しさのゆえに多くの人々がさしていやがることなく、故郷をはなれることに意を決するであろうと考えられた。

（資料3-1、2 出典：『世界史史料 7』岩波書店、2008年）

問7　**資料 3-1、2** を読み、奴隷制を必要とした背景、奴隷制を正当化した論理、奴隷制廃止後に起こった問題とその解決策についてまとめよう。また現代日本で移民を受け入れる際のメリットとリスクについても考えよう。

| | |
|---|---|
| 背景 | |
| 論理 | |
| 問題 | |
| 日本 | |

## 4　近代化と感染症の問題について図版を通して考える

資料 4-1　錦絵「虎列刺退治」(1886年［明治19年］)

資料 4-2　中国東北部での感染症流行を伝えるフランスの新聞 (1911年)

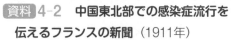

問8　資料 4-1、2 はそれぞれ何という感染症についての資料か。

| 資料4-1 | | 資料4-2 | |
|---|---|---|---|

問9　資料 4-1、2 のように、19世紀以降に様々な感染症が拡大した要因として考えられることは何か、考察してまとめよう。

| |
|---|
| |

問いを表現　これまでの資料の読み解きで生じた疑問点をふまえて、「近代化」とは何かについてまとめ、「私にとっての近代化を読み解くための問い」を表現してみよう。その際には、以下のキーワードから１つまたは複数を選んで、疑問に感じた点やこれから学んでいきたいことを、「問い」の形で表現しよう。　※問いについては、巻頭の「問いの例」も参照

【6 つのキーワード】
「交通と貿易」／「産業と人口」／「権利意識と政治参加や国民の義務」／
「学校教育」／「労働と家族」／「移民」

| 「近代化」とは何か？ | |
|---|---|
| 「問い」 | |

# 1 18世紀のアジア経済と社会

◆ **単元をつらぬく問い**

18世紀のアジアや日本ではどのような生産と流通が展開され、それらはアジア地域間・アジアと欧米間の貿易とどのように結びついていたか

**史実の確認**

## 1 東アジアの国際秩序と経済

**テーマ** 清はどのようにして支配と影響力を世界に及ぼしたか

**a．清の中国支配**

・17世紀、中国東北地方の満州族（女真）が台頭し中国支配を確立。17世紀後半〜18世紀の
（①　　　　　　　）帝・（②　　　　　　　）帝・（③　　　　　　　）帝時代が最盛期

・清は周辺諸国からの（④　　　　　　　）を受け入れ、周辺国の首長を王に任命して中国中心の東アジアの国際秩序＝（⑤　　　　　　　）を維持。

・国家間の枠外の民間貿易は互市として統制し辺境で行わせる
［例］西洋人との交易は中国南部の（⑥　　　　　　　）に限定し、特権貿易商人組合＝公行に管理させる

**まとめ** 学習した知識と教科書等を参考に、単元のテーマを自分の言葉で説明してみよう。

## 2 江戸時代の日本社会と国際関係

**テーマ** 江戸時代の日本は周辺諸国とどのような関係を営んだか

**a．幕藩体制**

・17世紀初め江戸幕府が成立。幕府は全国の大名に（⑦　　　　　　　）を義務づけるなど統制を強め、幕府と藩による全国支配体制＝（⑧　　　　　　　）が成立

**b．「四つの口」の対外貿易**

・幕府はキリスト教布教を禁止し、日本人の海外渡航・海外在住者の帰国を禁止。こうした国内体制が19世紀以降「（⑨　　　　　　　）」と呼ばれるようになっていった

・他方で、幕府は統制のもと複数の窓口で対外貿易を展開：幕府管理の（⑩　　　　　　　）で対オランダ・清、（⑪　　　　　　　）で対朝鮮、（⑫　　　　　　　）で対琉球、（⑬　　　　　　　）で対アイヌ。これらの窓口が江戸時代の対外貿易の「四つの口」を形成

・オランダ商館長は（⑭　　　　　　　）を提出して幕府に海外情報を提供した

・朝鮮は江戸に（⑮　　　　　　　　）を派遣、琉球は（⑯　　　　　　　）や謝恩使を派遣。他方、幕府と（⑫）藩は貿易の利益を求めて琉球王国への清の冊封を容認
・（⑬）藩を通じたアイヌ交易では、中国の絹織物が沿海州・サハリンを通じてもたらされるこの絹織物は（⑰　　　　　　　）と呼ばれた
・（⑬）藩は本土商人にアイヌの支配・交易をゆだねる制度＝（⑱　　　　　　　　　）を定めてアイヌからの搾取を強めた

## ｃ．対外貿易の輸出入品

・対清交易では銀銅や蝦夷地の（⑲　　　　　　　）など海産物が輸出され、漢方薬・絹織物・陶磁器・書物などに、（⑫）藩が琉球産の（⑳　　　　　　　）を加えて国内に輸入

まとめ　学習した知識と教科書等を参考に、単元のテーマを自分の言葉で説明してみよう。

<br>

# 3　江戸時代の社会と生活

テーマ　江戸時代の日本社会はどのように発展したか

## ａ．全国の流通網と商品経済の発展

・江戸時代の日本では「四つの口」の対外貿易と関連しながら国内で社会の一体化が進み、全国の流通網が発展。西廻り航路で（⑬）と近畿地方が結ばれ（㉑　　　　　　　　）によって昆布などの海産物が大量に取り引きされ（㉒　　　　　　　）として清に輸出される
・各藩で特産物生産が進められ、農村では商品作物の生産が盛んになり、干鰯や鰊粕など（㉓
　　　　　　　）が使われて生産が拡大する
・さらに農民の副業として（㉔　　　　　　　）・タバコ生産が広まり、農地拡大とも相まって18世紀には人口が２倍ほどに増大

## ｂ．江戸時代の諸改革と社会

・18世紀後半、老中（㉕　　　　　　　　）は商品経済の発展を背景に、商人の経済力を利用して幕府財政の改革を図るが（㉖　　　　　　　　）で社会不安が増大して失脚
・その後、老中（㉗　　　　　　　）が寛政の改革で財政引き締めと倹約策を進める
・社会不安の中で農村では（㉘　　　　　　　）、都市では（㉙　　　　　　　　）が起こる

まとめ　学習した知識と教科書等を参考に、単元のテーマを自分の言葉で説明してみよう。

## 4 ヨーロッパの海外進出と市民社会

テーマ　アジア諸国との貿易を通じて18世紀のヨーロッパにはどのような変化が生まれたか

### a．ヨーロッパの「生活革命」と啓蒙思想

・大航海時代以来、西欧諸国はアジア貿易や植民地経営のため（㉚　　　　　　　　　）を設立して
国家的支援を行いアジア産品を輸入
・18世紀半ばのイギリスなど西欧諸国では大陸産の（㉛　　　　　　　）から中国産の（㉜
　　　　　）に人気が移行し、喫茶の慣習の広がりで西インド諸島産の（㉝　　　　　　）や茶器としての
（㉞　　　　　　　）の需要が拡大。衣料ではインド産の（㉟　　　　　　　）（＝キャラコ）が人気に
・こうして生まれた新たな生活文化の流行は「（㊱　　　　　　　　）」と呼ばれる
・同時代の（㊲　　　　　　　　）は自らの文化を相対化するため中国を手がかりにした

まとめ　学習した知識と教科書等を参考に、単元のテーマを自分の言葉で説明してみよう。

---

### 史料・資料を読む

## 1 清朝の東アジア支配と江戸幕府

資料 1　辮髪の強制

図1　長髪と辮髪（左が長髪、右が辮髪）

図2　辮髪を結っているところ

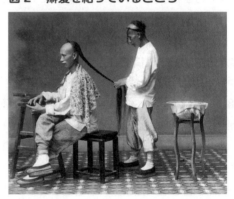

資料 2　満州族の辮髪

　狩猟民である満州人と農耕民である中国人とでは風俗習慣がちがうのは当然であるが、そのうち深刻
な政治問題にまでなったのが頭髪のゆいかたであった。満州人は頭髪の一部をのこして頭をそり、のこ
した毛をあんでおさげにするのである。『異国物語』に「頭をそり、てっぺん二寸四方ほど髪をのこし、
ながくして三つにわけ候」とあるとおりである。このゆいかたを弁髪〈辮髪〉という。
　一方、中国人のは束髪と言って総髪である。興味あることは、このころの東アジアでは頭の一部を

そった民族に、満州族のほか、日本人、モンゴル人があり、束髪しているのは中国人と朝鮮人であって、一三世紀以降はこの二大髪族の対立抗争の歴史ともいえるのである。そった方が尚武派、のばした方が尚文派で、これをたとえると国際的な武士階級と公卿ないし町人階級の抗争ともみられよう。

(三田村泰助「満州からきた王朝」『世界の歴史 9　最後の東洋的社会』中公文庫、1975年)

問 1 清朝は中国の正統王朝として、科挙などの中国の伝統を尊重する一方で辮髪を強制したり反満州思想の弾圧（文字の獄）を行ったりした。辮髪の強制や思想の弾圧はどのような効果を目指したものか。資料 1 、2 を参考にして考えよう。

資料 3　清朝皇帝の多民族統治と国際秩序 (乾隆帝時代)

| 支配地 | 支配者称号 | 支配地のカテゴリー |
| --- | --- | --- |
| 満州 | 王 | 直轄地 |
| 中国本土 | 皇帝 | 直轄地 |
| （台湾） | 皇帝 | 直轄地 |
| チャハル（内モンゴル） | ハン | 藩部 |
| ハルハ（外モンゴル） | ハン | 藩部 |
| 青海（ワラ部） | ハン | 藩部 |
| チベット | ハン | 藩部 |
| ジュンガル部（イリ地方） | ハン | 藩部 |
| 回部（東トルキスタン） | ハン | 藩部 |
| 朝鮮 | 皇帝 | 朝貢国（冊封） |
| 琉球 | 皇帝 | 朝貢国（冊封） |
| ベトナム | 皇帝 | 朝貢国（冊封） |
| タイ | 皇帝 | 朝貢国（冊封） |
| ビルマ | 皇帝 | 朝貢国（冊封） |

問 2 資料 3 に示されるように、清朝は各地域・民族に異なる統治体制をとった。清朝はどのような意図でこのような違いをつけて統治を行ったのか。

問3 江戸幕府は、清朝と直接公的な関係を結ばず、貿易は私貿易という形で行った。幕府がこのような形をとった意図はどのようなものだったのか、考えてみよう。

問4 教科書などで前漢時代の版図、唐時代の版図、清時代の版図、現代中国の地図を比較し、どのような地域が各王朝の版図に加わり、それらの地域が現在の中国の領土に含まれているか、整理しよう。

まとめ① 問1〜4の内容を参考にしながら、清朝の支配が現代に及ぼした影響について説明しよう。

## 2 四つの口—「蝦夷地」とアイヌ民族

問5 教科書などを参考に江戸時代に「鎖国」において開かれていた「四つの口」をあげよう。

資料4 蝦夷錦

図1 蝦夷錦

図2 蝦夷錦から作られた幕

（国立歴史民俗博物館所蔵）

（蝦夷錦とは）江戸時代、アイヌの人々は狩りや猟で得たものを、中国の商人と取引していました。中国から手に入れた品々のなかには、中国の役人の官服であった豪華な絹織物（きぬおりもの）がありました。これはアイヌ民族から江戸時代の日本にもたらされ「蝦夷錦」と呼ばれました。

問6 [資料]4を見て「蝦夷錦」の材質と特徴について気づいたことをあげよう。

[資料]5 「夷酋列像」
　1789年、松前藩領国後場所と根室場所において、和人商人の取り引き条件や労働条件をめぐって、一部のアイヌが蜂起し、和人70人あまりが殺された。この事件をクナシリ・メナシの蜂起と呼ぶ。この蜂起を、松前藩は討伐隊を派遣して鎮圧したが、このとき松前藩に協力したアイヌの乙名（おとな、首長の意）たちを、松前藩家老で画家でもあった蠣崎波響が描いた。これが「夷酋列像」である。

図1

イコトイ（アッケシ乙名）

図2

ツキノエ（クナシリ惣乙名）

図3

シモチ（アッケシ脇乙名）

(©Besançon, musée des beaux-arts et d'archéologie-Photographie P. Guenat)

問7 [資料]5 「夷酋列像」に描かれた「イコトイ」「ツキノエ」「シモチ」の特徴をあげ、この絵が描かれた背景を考えよう。

　文化五辰年の秋、再び間宮林蔵一人をして、北蝦夷〈樺太〉の奥地に至る事を命ぜられければ、其年の七月十三日、本蝦夷地ソウヤ（宗谷。北海道最北端）を出帆して、其日シラヌシ（後の白主、樺太島最南端）に至る。此処土着の住夷多からざれば、従行の夷をやとふ事あたわず。夷船の奥地に趣く者あるをまち、とかくして日数三日逗留し、同十七日、夷船に乗くみ此処を発し、日数五日を経て、同二十三日、トンナイ〔地名〕（本斗。北緯四六度四〇分）に至る。此処亦シラヌシのごとく番屋ありて、番人是に居し地夷を指揮す。土着の従夷も亦多き処なれば、則番人をして船子と為すべき者を択みやとふといへども、此年の夏初見分の時従ひ行し蝦夷等帰り来りて後、奥地異俗の夷情悍猾の甚しき、又は土風の異候、行路の艱苦なる事を語り伝へければ、従ひ行くべしと云者一人もなく、彼是して日数八日の間此処に遅滞し、種々の謀をなしてよふやく船子六人をやとひ、八月三日、此処を発し、日数十三日を経て、同十五日、リョナイ〔地名〕（千緒。北緯四九度十四分）に泊しぬるに、翌十六日、山旦夷数十人船六隻に乗組み此処に来り、従夷を捕らへて種々の謎言妄語を吐き、奥地にいたる事なり難しなど罵り、且其もたらし行処の糧酒・諸雑器を暴に奪ひ取んとしければ、従夷は大に恐怖し、言語は通ぜず、実に施すべき謀なく、能々従夷を論して其暴意に逆せざらしめ、其程をはかりて米・酒など若干分与し其心を慰ければ、漸にして暴とどまり、船を出して南方に進み去りぬ。

（『東韃地方紀行　巻之上』（東洋文庫484）、平凡社、1988年）

　従夷其始末を観察して、是より南方に帰り去んと云出し、さらに奥地へ進むべしと云者なかりしかば、林蔵苦心する事ただならずといへども、従夷の云処実に眼前見る処なれば、其恐怖する事其理なきにあらず。さらばとて是より帰り去る時は、何れの時にか奥地に至り得べしと、夫より酒など与へ、色々の恵辞などを吐て其心を慰ければ、漸に解心して従い行べしと云に至り、大いに力を得、和洋を窺ふの間、日数十一日にして、よふやく風波も穏なれば、同月二十五日、此処を出、九月三日、トッショカウ（トッソ）〔地名〕に至りつきぬるに、是より奥地は異俗の夷域に入る事既に深く、且日をおふて寒威増劇に趣き、貯糧も亦多からざれば、従夷頻に帰り去んと云て強ゆべからざる勢ひなれば、やむ事を得ずして終に船をかゑし、九月十四日、リョナイに帰りつきぬ

（『東韃地方紀行　巻之上』）

問 8　「夷」「従夷」とはどのような人々か。

_____

_____

問 9　間宮林蔵は、樺太北部探検でどのようなことに苦労していたのか、資料 6 、7 から読み取れることをまとめよう。

_____

_____

資料 8　間宮林蔵の樺太「探検」の記録(3)

（ 資料 7 のあと、間宮林蔵は樺太西岸を北上して樺太島の北にまで到達した。さらに彼は大陸への渡航を目指すが、すでに糧食は尽き、交易すべき物品も少なくなったため、彼の周囲の人々の不満も高まっていた。）

　　此上は我〈林蔵〉一人此処にとどまり、時を待て東岸に至るべしと決し、六夷に帰り去んや否を問ふに、皆去るべしと答けるまま、其事を以て此処の酋長コーニと称する者に告しに、コーニ答けるは、実にしかるべき事なり、然れども、ニシバ（アイヌ語のニシパにあたる。あなた・主人・富者の意）一人此地に留れん事、其意にまかせ難き事あり、疾病の事は論なく、死亡のことも亦なしといふべからず、万一さることの有し時は、必我属の殺害する処なりと疑るる事有というとも、我属何を証としてか、本邦に陳謝すべき、願くば従夷の内一、二人を留置き、其余は悉く帰り去しめん事しかるべしと云けるまま、初めより従ふ処の初島夷一人を留めて、其余は悉くウショロにかへし、何卒此島の周廻を極め尽さんと此処に滞留し、奥地の事ども時々コーニにたよりて質問せしに、魯斉亜の境界も此島を去る事遠からず、其属夷時々船に乗じ、燧巧の火器（燧石発火装置の鉄砲）を持してヲニヲー〔地名〕（ナニオーの誤写か。「里程記」にこの地名見えず）の海上に遊猟することすくなからずと聞ければ、猶更其経界の詳を極めざらむも云がいなき事に思ひ、幾年此処にありとも是非其経界を極むべしと決し、終にコーニが家に寓居し、その業を助け、漁猟をなし、木を樵り、網をすきなどして在けるに、…

※文中のコーニは樺太の民族ニヴフの長であったと推定される。

（『東韃地方紀行　巻之上』）

問10　間宮林蔵が、大陸（黒竜江下流）に渡航するに当たって、最も頼りにした人はどのような人だったか、 資料 8 から読み取って答えよう。

＿＿＿＿＿＿＿＿＿＿＿＿＿＿＿＿＿＿＿＿＿＿＿＿＿＿＿＿＿＿＿＿＿＿＿＿＿＿＿＿＿＿＿＿

＿＿＿＿＿＿＿＿＿＿＿＿＿＿＿＿＿＿＿＿＿＿＿＿＿＿＿＿＿＿＿＿＿＿＿＿＿＿＿＿＿＿＿＿

＿＿＿＿＿＿＿＿＿＿＿＿＿＿＿＿＿＿＿＿＿＿＿＿＿＿＿＿＿＿＿＿＿＿＿＿＿＿＿＿＿＿＿＿

まとめ②　「鎖国」と呼ばれた江戸幕府は、実は外の世界に「四つの口」を持っていた。その窓口の1つ北の口の外にはどのような世界が広がっていたのだろうか。これまでの学習で理解したことをまとめよう。

＿＿＿＿＿＿＿＿＿＿＿＿＿＿＿＿＿＿＿＿＿＿＿＿＿＿＿＿＿＿＿＿＿＿＿＿＿＿＿＿＿＿＿＿

＿＿＿＿＿＿＿＿＿＿＿＿＿＿＿＿＿＿＿＿＿＿＿＿＿＿＿＿＿＿＿＿＿＿＿＿＿＿＿＿＿＿＿＿

＿＿＿＿＿＿＿＿＿＿＿＿＿＿＿＿＿＿＿＿＿＿＿＿＿＿＿＿＿＿＿＿＿＿＿＿＿＿＿＿＿＿＿＿

＿＿＿＿＿＿＿＿＿＿＿＿＿＿＿＿＿＿＿＿＿＿＿＿＿＿＿＿＿＿＿＿＿＿＿＿＿＿＿＿＿＿＿＿

＿＿＿＿＿＿＿＿＿＿＿＿＿＿＿＿＿＿＿＿＿＿＿＿＿＿＿＿＿＿＿＿＿＿＿＿＿＿＿＿＿＿＿＿

# 2 工業化と西洋の衝撃

◆ 単元をつらぬく問い

「工業化」は私たちの生活に何をもたらしたのだろうか

 史実の確認

## 1 産業革命

テーマ　イギリスにおける産業革命はどのように進展したか

### a．イギリス産業革命の背景

・広大な海外市場の獲得、大西洋三角貿易による莫大な利益獲得により資本が蓄積されていた

・資本家による大規模農場経営（囲い込み）により、農村から都市に移住する者が増加していた

・鉄鉱石や（①　　　　　）など豊富な地下資源に恵まれていた

・インド産（②　　　　　）の人気が高まり、需要が増加していた

　→イギリスの主要産業であった毛織物業者が打撃を受け、（②）の輸入が禁止された

　→原材料の（③　　　　　）を輸入し、（②）を国内で生産する動きが高まった（輸入代替）

### b．産業革命の進展

・綿工業分野の技術革新：家内工業・手工業が没落し、工場制機械工業が確立する

　→飛び杼の発明（1730年代）→紡績機の発明（1760〜70年代）→力織機の発明（1780年代）

・（④　　　　　）革命：ワットが（⑤　　　　　　　）を改良し、様々な機械の動力に利用される

　→水力を利用する工場は川辺に限定されるが、（①）を動力源とする蒸気機関を利用すれば、工場
　の立地は限定されない

・（⑥　　　　　）革命：蒸気機関車や蒸気船が実用化される

　→人や物資の迅速な大量輸送が可能になる

まとめ　学習した知識と教科書等を参考に、単元のテーマを自分の言葉で説明してみよう。

## 2 産業革命と社会の変化

テーマ　「工業化」は「豊かさ」を生み出したと言えるのだろうか

### a．資本主義の発展と社会の変化

・資本主義社会の形成：生産手段や資金を持つ（⑦　　　　　　　　　）は、雇用した（⑧　　　　　　　）
　に賃金を支払って生産活動を行い、利潤を追求する

　→（⑧）は、支払われた賃金で生活を営む

・労働問題の発生：子どもや女性の労働、低賃金・長時間労働、劣悪な労働環境など

・工業都市の発展：綿工業の中心都市（⑨　　　　　　　　　）、重工業都市バーミンガムなど

・都市問題の発生：スラム（貧民街）の形成、大気汚染や水質汚濁など不衛生な環境、疫病の流行

b．社会主義思想の誕生

　・労働運動の展開：（⑧）は、（⑩　　　　　　　　　　）を結成し、団結して労働条件の改善を図る

　　→工場法（1833年）で、年少児童労働の禁止や18歳未満の労働時間の制限が定められる

　　→（⑪　　　　　　　　　　　）運動のように、男子普通選挙などを求めた政治的活動も展開される

　・（⑫　　　　　　　）思想：資本主義を批判し、社会的不平等を是正して平等な社会の建設を目指す

　　→マルクスは、（⑫）による政権の樹立、私有財産制の廃止と生産手段の共有化を説く

　まとめ　学習した知識と教科書等を参考に、単元のテーマを自分の言葉で説明してみよう。

_____

_____


# 3　世界市場の形成

　テーマ　産業革命の波及は、世界にどのような変化をもたらしたか

a．イギリスの繁栄と産業革命の波及

　・産業革命後のイギリス：圧倒的な工業生産力を背景に「（⑬　　　　　　　　　　）」となる

　　→諸地域に進出し、原料供給地や市場として自国の経済圏に組み込む

　　→19世紀半ばには（⑭　　　　　　）貿易体制を確立し、諸地域にも（⑭）貿易を求める

　・後発資本主義国：他の西欧諸国（ベルギー・フランス・ドイツなど）、アメリカ合衆国

　　→イギリスに続き、産業革命を推進し、諸地域への進出を図る

　・産業革命に至らなかった国や地域：アジア・アフリカ・ラテンアメリカ

　　→産業革命を経た国々から工業製品が流入し、国内工業の発展が阻害される

　　→特定の農産物や天然資源の輸出に依存する（⑮　　　　　　　　　　）経済化が進む

　　→欧米諸国に経済的に従属する

　・国際的分業体制が進展し、「世界市場」が形成される

b．世界の一体化の加速

　・（⑯　　　　　　　　　　）の実用化：運河や道路にかわり、鉄道が陸上交通の中心となる

　　→ヨーロッパ各地、アメリカ、インド、中国、日本にも鉄道が敷設される

　・（⑰　　　　　　　）の実用化：帆船にかわるもの。石炭の補給地も整備され、大洋の横断も容易になる

　　→スエズ運河の開通（1869年）は、ヨーロッパとアジアの距離を著しく短縮する

　・（⑱　　　　　　）の実用化：情報伝達が飛躍的に迅速化する

　　→19世紀半ば以降、海底電信ケーブルの敷設が急速に進む

　まとめ　学習した知識と教科書等を参考に、単元のテーマを自分の言葉で説明してみよう。

_____

_____

## 4 西洋の衝撃とアジア

テーマ 欧米諸国の進出に対して、アジア諸国はどのような反応をしたのだろうか

### a. 中国の開国

・世界市場形成へ向けた欧米諸国の進出…「西洋の衝撃」

・イギリスの対アジア貿易赤字 →インドで栽培した（⑲　　　　　　　）を清へ密輸

・清朝による（⑲）の取り締まり →（⑲）戦争開戦（1840年）

・イギリスの勝利、（⑳　　　　　　）条約と追加条約の締結

　┌ 広州・上海など5港の開港
　│ （㉑　　　　　　）率の協定と（㉑）の引き下げ
　│ 領事裁判権の承認
　└ イギリスに片務的最恵国待遇の付与

・英・仏がより有利な条件を求め、（㉒　　　　　　　　）（1856年）を引き起こす

　→英・仏の勝利、（㉓　　　　　　）条約の後、（㉔　　　　　　）条約を締結

### b. 英・仏に対する清朝の反応

・民衆の反応

　開国・貿易に伴う重税に民衆の負担増大

　→（㉕　　　　　　　　）発生（1851年）…拝上帝会の洪秀全が指導

　→アロー戦争後、イギリス・アメリカの協力や郷勇の活躍で鎮圧

・政府の反応

　同治帝の頃、（㉖　　　　　　　）実施…李鴻章・曾国藩が主導

　→"中体西用"により、体制を維持したまま西洋の技術を導入

### c. オスマン帝国の変容

・ヨーロッパの軍事的優位、スラヴ民族の自立、地方権力の成長 →オスマン帝国の改革

・アブデュルメジト1世がギュルハネ勅令発布

　→（㉗　　　　　　　　　）実施：全臣民の平等、法の支配、国家体制の西洋化

　→戦費やヨーロッパ製品の流入により、財政破綻

・（㉘　　　　　　　）憲法制定（1876年）

　アジア初の近代憲法、宰相ミドハト゠パシャによる

　帝国内の全ての民族を平等とする…（㉙　　　　　　　　）

　→1878年、（㉚　　　　　　　　　　）によって（㉘）憲法停止…露土戦争中

### d. インドの植民地化

・17世紀半ばまでのインド…（㉛　　　　　　　　　）の下繁栄 →綿布の輸出

・17世紀後半…イスラーム化政策の実施 ┌ ヒンドゥー教徒の反発
　　　　　　　　　　　　　　　　　　└ 地方に独立政権が現れ、分裂傾向に

・1757年、イギリス（㉜　　　　　　　　）がインド統治開始

　→19世紀半ばには、インドのほぼ全域掌握

・1857年、（㉝　　　　　　　　）の発生…インド人傭兵（シパーヒー）の反乱がきっかけの反英闘争

　→鎮圧 →1877年、英領インド帝国成立

まとめ　学習した知識と教科書等を参考に、単元のテーマを自分の言葉で説明してみよう。

_____

_____

_____

_____

# 5 日本の開国

テーマ　日本の欧米への対応は、中国やオスマン帝国とどのような共通点や違いがあるだろうか

## a．外国船の来訪と開国

・江戸幕府…オランダ風説書などにより、諸外国の情報入手

→1842年、（㉞　　　　　　　　　）の発布…欧米諸国との対立を回避　←アヘン戦争の影響

水戸藩…（㉟　　　　　　　　）思想の形成

佐賀藩や薩摩藩…外国の技術導入へ

・アメリカの（㊱　　　　　　　　）が浦賀沖に来航（1853年）…対清貿易の中継地点、捕鯨の基地として開国を要求

＊幕府は諸大名や幕臣から意見聴取…「公議」の広まりへ

1854年、（㊲　　　　　　　　　　）の締結　→外国船への補給、漂流民の保護

1858年、（㊳　　　　　　　　　　）の締結　→関税率の協定、領事裁判権を認める

## b．明治維新へ

幕府：朝廷の権威により社会の混乱収束を狙う　｜

朝廷：条約締結を拒絶　　　　　　　　　　　　｜　政治的混乱の拡大

・幕府のうごき…安政の大獄・桜田門外の変で威信低下　→公武合体運動等により権力強化

・（㊴　　　　　　　）藩の動き…尊王攘夷の失敗　→倒幕へ向かう

・（㊵　　　　　　　）藩の動き…幕政の改革を目指す　→薩英戦争によりイギリスへ接近

→（㊶　　　　　　　　　）の成立…（㊴）藩と（㊵）藩が武力での倒幕へ向けて連携

・1867年、将軍（㊷　　　　　　　　）により大政奉還がなされる

→倒幕派が（㊸　　　　　　　　　　　）を発し、天皇中心の新政府へ

まとめ　学習した知識と教科書等を参考に、単元のテーマを自分の言葉で説明してみよう。

_____

_____

_____

_____

# 1 産業革命と労働問題

**資料 1　工場法制定をめぐる特別委員会での報告**（1832年6月4日）

証言者　サミュエル・クールソン

（イギリス中部の織物工業都市リーズ近郊に住む仕立屋で、近くの梳毛加工工場に働きに出ていた三人の娘を持つ。三人の娘たちが工場に出始めた年齢はそれぞれ、12歳、11歳、8歳。）

・好況時にあなたの娘たちは朝の何時に工場に行きましたか。

　　　─娘たちは朝の3時には工場に行き、仕事を終えるのは夜の10時から10時半近くでした。

・19時間の労働の間に休息あるいは休養のためにどれだけの休憩時間が与えられたのですか。

　　　─朝食に15分、昼食に30分、飲料を取るのに15分です。

・彼女たちの中でだれかこの労働のために事故を起こしたものはいますか。

　　　─はい、長女がはじめて工場に行った時、……歯車の歯が彼女の人差し指の爪を引っかけ、関節の下からねじ取りました。そして、彼女は5週間、リーズの付属診療所に入院していました。

・その期間彼女の賃金は支払われましたか。

　　　─事故が起こると賃金は全く支払われませんでした。

・この過度の労働条件は、さらに多くの残酷な行為を引き起こしましたか。

　　　─はい、とても疲労しているときは、鞭打ちがひんぱんに行われました。

・あなたの子どもたちの中で誰か鞭打ちを受けたものはいますか。

　　　─はい。どの子どももです。長女についてですが、私は2週間の間、ランカシャーにいました。そして、家に帰ったとき、私は彼女の両肩を見て、「アン、どうしたのだ」と言いました。彼女は「監視人が私を革ひもで打ちました。しかし、監視人の所には行かないで下さい。もし行けば、私たちは仕事を失ってしまうでしょう」と言いました。……

・あなたの娘がこんなに残酷に扱われても、医者に来て見てもらう金銭的な余裕はなかったのですか。

　　　─はい。

（『世界史史料6』岩波書店、2007年）

**問1**　**資料1**の証言にあるような子どもの労働が行われるようになった理由を、産業資本家と労働者、それぞれの立場で答えよう。

・産業資本家の立場

・労働者の立場

**問2**　**資料1**の証言にあるような労働状況を改善するために、どのような対策（規制／法）が必要か。

問 3　問 2 の対策（規制／法）の実現のために、どのような手段が考えられるか。

_____

_____

_____


# 2　アヘン戦争に対する当時のイギリス人の見解

【資料】2　**グラッドストンの議会演説**（1840 年 4 月 8 日）

　その起源においてこれほど正義に反し、この国を恒久的な不名誉の下に置き続けることになる戦争を
わたくしは知らないし、これまで聞いたこともないと、明言できる。反対意見の議員は、昨夜広東で栄
光のうちに翻るイギリス国旗とその国旗が地球上のどこにおいても侮辱されることはないと知ることで
鼓舞されるわれらが兵士たちの精神について雄弁に話された。……だが、そもそもイギリス国旗がイギ
リス人の精神をいつも高めることになるのはどうしてであろうか。それはイギリス国旗が常に正義の大
義、圧政への反対、国民の諸権利の尊重、名誉ある通商の事業に結びついていたからこそであった。と
ころが今やその国旗は高貴な閣下の庇護の下で、悪名高い密貿易を保護するために掲げられているので
ある。……

　……わたくしは、女王陛下の政府が本動議に関して本院にこの正義に反した、邪悪な戦争を教唆〈※
1〉するよう説得することなど決してないと確信する。わたくしはアヘン貿易をどれだけ激しく弾劾しよ
うと何の躊躇も感じない。同様な憤激をもってアヘン戦争を弾劾するのに何の躊躇も感じることはない。
〈※ 1〉教唆：そそのかす

（『世界史史料 6』）

問 4　グラッドストンは、アヘン戦争に「賛成」「反対」どちらの立場で演説しているか。

（　　　　　　　）

問 5　【資料】2 において、問 4 の根拠となる部分に下線を引こう。

【資料】3　**パーマストンの議会演説**（1840 年 4 月 9 日）

　中国政府がアヘン貿易を取り締まろうとしているのはその臣民のモラリティへの影響を考えてのこと
だと、われわれは聞かされている。中国の国内法に反し、きわめて多くの人々に道徳的退化の手段を提
供し、よき秩序と正しい行いに一致しない習慣を生み出しやすいような貿易をわたくしが擁護すること
などあり得ないだろう。しかしわたくしは、どなたであれ、中国政府の意図が道徳的慣習の成長を促す
ものであったと心から信じていると真顔で言えるかどうか問いただしたい。中国国内でなぜ芥子〈※
1〉の栽培が禁止されなかったのかを問うことが、こうした仮説への反論となる。問題は銀地金〈※
2〉の輸出、農業利害の保護であるというのが、事実である。中国における芥子栽培業者、そして貴
金属の流出を防ぎたいと考えている実際的なエコノミストこそが、中国政府にこのアヘンの密貿易の取
り締まりを求めさせているのである。……

　こうした人々（ロンドンの中国貿易に従事する商人たち）の利益こそが危機に瀕しており、こうした

人々こそがこの問題にもっとも利害関心を持っているのである。こうした人々はわたくしの考えでは、概してイギリス政府に敵対的な人々である。……

　武力の示威が、さらなる流血を引き起こすことなしに、われわれの通商関係を再興するという願わしい結果をもたらすかもしれないと、すでに表明されている。このことにわたくしも心から同意するものである。

〈※１〉芥子：アヘンの原料となる植物　〈※２〉銀地金：銀塊

（『世界史史料６』）

問6　パーマストンは、アヘン戦争に「賛成」「反対」どちらの立場で演説しているか。

（　　　　　　　）

問7　資料3において、問6の根拠となる部分に下線を引こう。

問8　あなたが当時のイギリス議会議員だとしたら、アヘン戦争に対して「賛成」「反対」どちらに投票するか。これまで学んできたことや、資料1〜3を参考にしながら、その根拠も合わせて説明しよう。

## 3　アヘン戦争後の清とイギリス

**資料4　南京条約および追加条約**　　　　　　　　　　　　　　　（データベース「世界と日本」）

**南京条約**

　第二条　清国皇帝陛下は英国臣民がその家族従者を携えて広東、厦門、福州、寧波及上海の市町において商業に従事するため迫害または拘束をこうむることなく居住するを得しむべきことを約す。また大ブリテン・アイルランド女皇陛下は監督官又は領事官を任命して前記各市町に居住せしめ該地方の清国官憲と右商人との間の通信の仲介者たらしめ下に定むるごとき清国政府の税金及料金が適当に英国臣民により納付せらるる様監督せしむべし

**虎門寨追加条約**（南京条約の追加条約）

　第一条　各全権委員署名調印の下に本条約に添付したる輸出入税率は今後広東、福州府、厦門、寧波及上海の五港においてこれを施行すべし

　第四条　広東、福州、厦門、寧波及上海の五港開放せらるるの後は英国商人はこれら五港においてのみ貿易することを許さるべし。右の者は他の一切の港又は場所に赴くべからず。また清国人民も他の一切の港または場所においてこれと貿易することを許されざるものとす

　第十二条　今や税の公平正規なる税率の設定を見るに至れるをもって従来英清両国商人間に行われたる密貿易手段（多くの場合において清国税関吏の公然の黙許および通謀に依りて行われたるもの）の全然終止せむことを希望す

問9 [資料] 4 の条文で決められたことを要約しよう。

[資料] 5　英－清貿易における税率の変化 （内藤昭『現代中国貿易論』所書店、1979年）

（従価%）

| 貨　物 | 単　位 | 1843年以前の旧税率 | 1843年の新税率 | 旧税率に比べ新税率の減少% |
|---|---|---|---|---|
| 綿　花 | 担 | 24.19 | 5.56 | 77.02 |
| 綿　糸 | 担 | 13.38 | 5.56 | 58.45 |
| 一級キャラコ | 疋 | 29.93 | 6.95 | 76.78 |
| 二級キャラコ | 疋 | 32.53 | 6.95 | 78.64 |
| 生地キャラコ | 疋 | 20.74 | 5.56 | 73.19 |
| 綾織綿布 | 疋 | 14.92 | 5.66 | 62.73 |

注：①旧税率は広州海関が徴収した正税およびそれ以外の各種の収奪を含み，輸入貨物が実際に負担した税率を示す。
　　②新旧税率は，すべて1848年の相場で換算してある。

問10 [資料] 5 から南京条約（追加条約含む）の前と後で、税率がどのように変化しているかを読み取ろう。

問11 イギリスは何を狙ってアヘン戦争を起こしたのか、[資料] 4、5から考えよう。

まとめ　これまで学習してきたことをふまえ、「工業化」は私たちの生活を豊かにしたと言えるのかどうか、根拠を明らかにして自分の考えを述べよう。

# 3 立憲体制と国民国家①

◆ 単元をつらぬく問い

国民とは何か（その多様性や正負の側面に留意しながら考えよう）

## 史実の確認

## 1 アメリカ独立革命

テーマ　なぜアメリカは独立することになり、どのような社会を作ろうとしたのか

a．アメリカ独立革命の背景

- ・17〜18世紀前半、イギリスが北アメリカ東海岸に（①　　　　　　　）の植民地を形成した

  →フランスと植民地抗争（第2次英仏百年戦争）：七年戦争でフランスが撤退

- ・七年戦争で財政が圧迫されたイギリスは植民地への課税で立て直しを図る

  →各種課税立法：砂糖法（1764年）、（②　　　　　　）法（1765年）…植民地側は抵抗

  →1773年、茶法の制定…（③　　　　　　　　　　）事件となる

  →これ以外にも自治権剥奪など（耐えがたき5つの法）で圧力

- ・植民地側の抵抗

  →イギリス製品の不買運動、（②）法については「（④　　　　　　　　　　　　）」と抗議

  →1774年、第1回大陸会議開催…植民地は団結してイギリス本国に対抗

b．独立革命の経過と合衆国の成立

- ・1775年、レキシントンとコンコードで武力衝突＝アメリカ独立革命の始まり

- ・1776年、（⑤　　　　　　　　　　　　　　）らの起草で（⑥　　　　　　　　）発表

  →全ての人間の自由と平等を主張し、（⑦　　　　　　　　）が唱えた抵抗権（革命権）を取り入れる

- ・トマス＝ペインの『コモン・センス』が独立の機運を高める

  →第2回大陸会議で（⑧　　　　　　　　　　）を植民地軍総司令官に選出

- ・イギリスの孤立化：フランスやスペインが植民地側に協力

  →1783年、（⑨　　　　　　　　　）でアメリカ合衆国の独立を承認

- ・1787年、（⑩　　　　　　　　）制定…三権分立、連邦制が基本理念

まとめ　学習した知識と教科書等を参考に、単元のテーマを自分の言葉で説明してみよう。

## 2 フランス革命とナポレオン体制

テーマ　フランスの市民たちはどのような社会を作ろうとしたのか（革命前と比較すること）

### a．フランス革命の勃発

・フランスの旧体制

＝（⑪　　　　　　　　　　　　　　）：身分制社会。第一身分の聖職者、第二身分の貴族は特権が
認められ、第三身分の平民には重い税負担＆政治的諸権利を認めず

・1789年、国王（⑫　　　　　　　）は、財政赤字解消のため、特権身分に課税しようとする

→貴族の反発：（⑬　　　　　　　）を開催して収拾を図るも議決方法を巡り紛糾

→第三身分は離脱し、（⑭　　　　　　　　）を組織…国王が弾圧

→1789年7月14日、パリの民衆が（⑮　　　　　　　　　　　　　　）を襲撃＝フランス革命の開始

→8月に国民議会は（⑯　　　　　　　）を採択：国民主権、基本的人権、私有財産の不可侵を
うたう

・1791年、フランス初の1791年憲法制定（財産による制限選挙）、新たに立法議会が成立

・1792年9月、政権は国民公会へ移り、共和制（政）が誕生する

→ロベスピエールを中心とするジャコバン派が政権を掌握＝（⑰　　　　　　　　）の開始

→1793年、国王（⑫）、王妃マリ＝アントワネットの処刑（ギロチン）、封建的特権の無償廃止

→革命の波及を恐れた欧米各国は対仏大同盟を結成

→1794年、ロベスピエールの処刑＝（⑰）の終焉、政局は混乱

・1795年、総裁政府成立、政局は不安定

→1799年、（⑱　　　　　　　　　）がブリュメール18日のクーデタで総裁政府を打倒、統領政府
を樹立

※革命はフランス植民地にも波及…1804年にハイチがフランスから独立

### b．ナポレオンの栄光と没落

・1804年、国内では（⑳　　　　　　　　　　　　　）（フランス民法典）を制定…所有権の絶対、契約の
自由

・1804年、ナポレオンは国民投票で（⑲　　　　　　　　）となる（第一帝政の開始）

→革命戦争は今までの祖国防衛戦争から侵略戦争へと変化

→1806年、神聖ローマ帝国を解体し、ライン同盟を結成。オーストリア、ロシアも撃破

・1806年、イギリス孤立化の目的で大陸封鎖令を発布…逆効果となる

・1812年、法令を無視したロシア遠征を行うが冬将軍により失敗

→ヨーロッパでは反フランスの解放戦争が続き、1814年にナポレオンは退位しエルバ島へ流刑

→1815年、混乱に乗じ皇帝に復位するが（百日天下）、ワーテルローの戦いで敗北、セントヘレナ
島へ流刑

まとめ　学習した知識と教科書等を参考に、単元のテーマを自分の言葉で説明してみよう。

# 3 ウィーン会議と19世紀前半のヨーロッパ

テーマ 19世紀前半のヨーロッパにおけるナショナリズムとリベラリズム（自由主義）は何を求め、何を実現したか

## a．ウィーン体制の成立

・1814〜15年、（㉑　　　　　　　　　　　）の開催…主宰者はオーストリア外相のメッテルニヒ

　→原則：正統主義＝ヨーロッパをフランス革命以前の状態に戻す

　→ウィーン議定書でウィーン体制が成立：フランスではブルボン朝が復活

・ウィーン体制を支える動き：ヨーロッパ諸国は神聖同盟や四国同盟（のち五国同盟）を結成

・ウィーン体制に反する動き：

　民族を無視した領土分割がなされた結果、各地で生じた独立運動としての（㉒　　　　　　　　　　）

　制限されている政治的、経済的自由を求める動きとしての（㉓　　　　　　　）（リベラリズム）

## b．ウィーン体制の動揺と崩壊

・革命の第一波（1820年代）：ヨーロッパ、ラテンアメリカ

　ヨーロッパでは、オスマン帝国からの独立運動を展開した（㉔　　　　　　　　）以外はすべて鎮圧

　ラテンアメリカでは、コロンビアやペルーなど（㉕　　　　　　　　）の植民地が独立を達成

・革命の第二波（1830年代）

　1830年、フランスで（㉖　　　　　　　　　）：パリ市民が復古王政を打倒し、七月王政が成立

　→1830年、革命がベルギーに波及し、ベルギーがオランダから独立

・革命の第三波（1840年代）

　1848年、フランスで（㉗　　　　　　　　　）：市民が蜂起し国王は亡命、第二共和政が成立

　→1848年、革命がドイツとオーストリアに波及し、ウィーンとベルリンで三月革命

　→メッテルニヒが亡命し、ウィーン体制は崩壊

　→1848年の一連の革命を「（㉘　　　　　　　　　）」という

まとめ 学習した知識と教科書等を参考に、単元のテーマを自分の言葉で説明してみよう。

# 4 19世紀後半の欧米とイスラーム世界

テーマ　19世紀後半のドイツとアメリカはどのように国民統合を進めたか

## a．イタリアの統一
・（㉙　　　　　　　　　　　）：立憲君主制を導入、統一運動の中心
　首相のカヴールが近代化を推進、統一運動にフランスの援助を得るためクリミア戦争に参戦
　→オーストリアとの戦争で領土拡大、統一を進める
　→ガリバルディは、赤シャツ隊を率いて両シチリア王国を制圧、国王に献上
・1861年、（㉚　　　　　　　　　　）成立　→オーストリアとの間に領土問題（未回収のイタリア）
　が残る

## b．ドイツの統一
・プロイセン王国：ドイツ北東部、統一運動の中心
　　　　　　　　　国王はヴィルヘルム1世、首相は（㉛　　　　　　　　　）
　経済成長と軍備拡張による統一を進める＝（㉜　　　　　　　　）
　→1866年、普墺戦争…統一のライバルであったオーストリアに勝利
　→1870年、普仏戦争…フランスとの戦争に勝利
・1871年、ドイツ帝国成立…（㉝　　　　　　　　　　　　）の鏡の間で皇帝の即位式
　→立憲君主制、プロイセンを中心とした連邦制国家、ビスマルクが宰相
・ビスマルク外交：ヨーロッパの平和とフランスの孤立化が目的（普仏戦争の報復を恐れる）

## c．アメリカ合衆国の発展
・19世紀前半、（㉞　　　　　　　）開拓と領土拡大…先住民は迫害された
・1848年、カリフォルニア獲得：金脈が発見され、ゴールドラッシュが起こる
・北部と南部の対立
　北部：商工業中心、保護貿易主張、奴隷制反対
　南部：農業（綿花の（㉟　　　　　　　　　　　　））中心、自由貿易主張、奴隷制賛成
　→1861年、共和党（奴隷制反対）の（㊱　　　　　　　　）が大統領に就任
　→南部はアメリカ連合国を結成し、南北戦争開始
　→1863年、（㊱）は（㊲　　　　　　　　　　）を発し、国内外の支持獲得
　→北部勝利
・1869年、（㊳　　　　　　　　　）開通：農業や鉱工業が盛んになり、移民が増加

## d．オスマン帝国の衰退
・ナショナリズムの影響で帝国内諸民族の運動が活発化
・スルタン（君主）主導でタンジマート＝上からの近代化：ヨーロッパ諸国の介入を招き失敗

まとめ　学習した知識と教科書等を参考に、単元のテーマを自分の言葉で説明してみよう。

##  史料・資料を読む

# 1 国民国家と国民について考える

**問1** 資料 1 の絵画を見て問いに答えよう。

(1)この絵が描いている事件を何というか。

（　　　　　　　　　　　）事件

(2)この絵について、下の説明文の空欄に
適する語句を答えよう。

資料 1

　この絵は、マサチューセッツ植民地
のボストン港に停泊している船に、
（①　　　　　　　）に扮装した植民地
の人々が乗り込んで、（②
　　　　）会社の積み荷である茶を海に投
げ捨てている様子を描いたものである。

(3)この絵で、植民地の人々が先住民に扮
装しているのはなぜだと考えられるか。

---

**問2** 資料 2 のアメリカの１ドル札を見て問いに
答えよう。

資料 2

(1)資料 2 に描かれている肖像画は誰か。

（　　　　　　　　）

(2)アメリカの他の紙幣に描かれている人物を調べ、
日本の紙幣に描かれている人物と比較し、両国の
特徴と相違点をまとめよう。

(3)紙幣にその国を代表する人物を印刷することにどのような意味があると考えられるか。

問3　資料 3 にはフランスにおける国民や国家の在り方が書かれているが、あなたが最も大事だと思う部分に下線を引き、なぜそう思うのか説明しよう。

資料 3　フランス人権宣言

国民議会という形に組織されたフランス人民の代表者たちは、人の諸権利についての無知、忘却または蔑視が公共の不幸と政府の腐敗の諸原因であるにほかならないことにかんがみて、一つの厳粛な宣言のなかで、自然で、譲り渡すことができず、そして神聖な人の諸権利を表明することを決意した。……

第 1 条　人は、自由かつ諸権利において平等なものとして生まれ、そして生存する。社会的区別は、公共の利益への考慮にもとづいてしか行うことはできない。

第 2 条　すべての政治的結合の目的は、人の自然かつ消滅しえない諸権利の保全にある。これらは、自由、所有権、安全および圧政に対する抵抗である。

第 3 条　あらゆる主権の原理は本質的に国民に存する。いかなる団体、いかなる個人も、国民から明示的に発するものではない権威を行使することはできない。

第 4 条　自由とは他者を害しないすべてをなしうるということである。したがって、すべての人の自然的諸権利の行使は、同じ諸権利の享有を社会の他の構成員にも確保するということ以外には、限界をもた

ない。この限界は法によってのみ決定されうる。

第 6 条　法は一般意思の表明である。すべての市民は自ら直接またはその代表者によってその形成に参加する権利を持つ。法は、保護する場合にも、処罰する場合にも、すべての者にとって同一でなければならない。すべての市民は、法の目からは平等であるから、その能力に従って、かつ、その徳性と才能以外による差別をうけず、すべての公的な位階、地位、職務に等しく就く資格を有する。

第10条　何人も、たとえ宗教上の意見であれ、その意見の表明が法の定める公の秩序を乱さないかぎり、そのために不安を感じさせられないようにしなければならない。

第16条　諸権利の保障が確保されず、権力の分立も定められていない社会には、憲法は存在しない。

第17条　所有権は不可侵のかつ神聖な権利であるから、何人も、適法に確認された公的必要がそれを明らかに要求する場合で、正当かつ事前の補償という条件のもとでなければ、これを奪われることはない。

（データベース「世界と日本」）

・なぜそれが大事だと思うか

問4　資料 4 はフランス国歌のラ゠マルセイエーズである。歌詞から、どのような意図をもって作られた歌だと考えられるか。

資料 4　フランス国歌「ラ゠マルセイエーズ」の歌詞

行こう 祖国の子供たちよ　　　彼らは私たちの腕の中まで来て
栄光の日が来た！　　　　　　私たちの息子や妻の 喉を掻き切って殺す！
私たちに対して 暴政の　　　　武器をもて 市民よ
血まみれの旗が上がった　　　軍隊を組め
血まみれの旗が上がった　　　向かおう 向かおう！
聞こえるか 戦場の　　　　　　けがれた血が
残酷な軍人のうなりが？　　　私たちの田畑をうるおすまで！

問5 資料5は、スペイン人の画家ゴヤがナポレオン軍の侵攻に対するマドリッド市民の抵抗（スペイン反乱）を描いた「1808年5月3日」である。これを見て問いに答えよう。

資料5

(1)絵画中の銃を構えている兵士、倒れている人、手を挙げている人はそれぞれ何を表していると読み取れるか。

・銃を構えている兵士

_____

_____

・倒れている人

_____

・手を挙げている人

_____

(2)ゴヤはどのような感情を込めてこの絵を描いたのだろうか。

_____

_____

## 2 国民国家とは

問6 資料6から、国民国家形成において、教育に寄せられていた期待を読み取りまとめよう。

資料6 ヴィルマン（フランスの公教育大臣）『フランスにおける初等教育の現状について』（1841年）
宗教と道徳に立脚した法により創設された初等教育は、人々の心にある義務の感情、家族への純粋な愛情、そして君主と国家の法に対する献身を強固にする。賢明に運営され、不可欠な知識を広めるために適用されるならば、初等教育は労働者階級が彼ら自身の職業を軽蔑する状態にすることなく、その職業の中で抜きん出て、道徳が非難し法が禁じる騒擾（そうじょう）によってではなく能力の卓越性によって、時にはそこから抜け出る事への情熱と方法を彼らに与えるのだ。

(M. Villeman, Tableau de l'etat actuel de l'instruction primaire en France, Paris, 1841より著者訳)

_____

_____

_____

問7 資料 7、8 からドイツの国民国家建設の特色をフランスやアメリカと比較しながら述べよう。

資料 7 **ビスマルクの鉄血演説**（1862年）
　ドイツが注目しているのはプロイセンの自由主義ではなくて、プロイセンの力であります。……ウィーン〔会議〕の諸条約によるプロイセンの国境は、健全な国家の営みのためには好都合なものではありません。現下の大問題が決せられるのは、演説や多数決によってではなく ── これこそが1848年〔三月革命〕と1849年〔フランクフルト国民議会と憲法〕の重大な誤りだったのですが ──、まさに鉄と血によってなのであります。

（『世界史史料6』岩波書店、2007年）

資料 8 **皇帝ヴィルヘルム1世のドイツ国民に対する布告**（1871年）
　余は、ドイツ的誠実さで帝国およびその成員の権利を保護し、平和を維持し、民族の統一された力に支えられてドイツの独立を守る義務を自覚して、帝位を引き受ける。余は、不断の平和のうちに、かつまたフランスの新たな攻撃に対して数百年来欠いていた安全を祖国にもたらしてくれる国境のなかで、ドイツ民族がその熱き献身的な闘争の報いを享受できることを期待して帝位を受けるのである。

（『世界史史料6』）

**まとめ** ここまでの 資料 の読み解きを通し、次の問いに答えよう。

(1)国民国家はどのような特徴を持つかについて、その多様性や正負の側面に留意しながらまとめよう。

(2)「国民であるということ」はあなた自身に何をもたらしているのか、考えを述べよう。

# 4 立憲体制と国民国家②

◆単元をつらぬく問い

19世紀日本の近代的立憲国家をどう考えるか

 史実の確認

## 1 明治維新期の世界と日本

テーマ　欧米の進出に対し、アジア諸国はどのように対抗したのか

a．東アジア…イギリスの中国進出

・アヘン戦争（1840〜42年）…制限貿易撤廃のため、イギリスが清を攻撃

→南京条約（1842年）…香港割譲、広州・上海など5港で自由貿易、多額の賠償金

・アロー戦争（1856〜60年）…イギリス、フランスが清を攻撃

→天津条約（1858年）、北京条約（1860年）により自由貿易体制の強化

b．南アジア…インドの植民地化

・インド大反乱（1857〜59年）…イギリスの支配に不満を持つ人々が武装蜂起

→イギリス政府はこれを鎮圧、東インド会社解散

・インド帝国成立（1877年）…ヴィクトリア女王が皇帝に

c．西アジア…オスマン帝国とイラン（カージャール朝）

・オスマン帝国…19世紀に入る頃から軍制改革、近代化推進

→ミドハト憲法制定（1876年）…アジア初の憲法

・イラン（カージャール朝）…タバコ・ボイコット運動をきっかけに民族運動

→イラン立憲革命（1905〜11年）…王の専制支配に反発

d．日本…明治新政府の成立

・開港　→尊王攘夷運動が活発化　→薩摩藩・長州藩で倒幕の動き

・（①　　　　　　　　　　　）（1867年）…天皇中心の新政府樹立

・（②　　　　　　　　　）（1871年）…すべての藩を廃止し、府県設置

⇒天皇中心の中央集権国家体制確立

一連の動きを、（③　　　　　　　　）と呼ぶ

まとめ　学習した知識と教科書等を参考に、単元のテーマを自分の言葉で説明してみよう。

## 2 近代化と東アジア

**テーマ** 明治政府は、周辺の国や地域とどのような関係を築こうとしたのか

### a. 岩倉使節団
・大使は（④　　　　　　　　　　）、当初の目的は条約改正の予備交渉であったが失敗
・諸国の実情を見聞して帰国

### b. 留守政府
・（⑤　　　　　　　　　）らが中心
・学制、徴兵制、地租改正など独自の諸改革を進める

### c. 明治六年の政変
・欧米視察から帰国した（⑥　　　　　　　　　　）らが政府内の主導権を握る

### d. 清（中国）の改革
・（⑦　　　　　　　　　）…曽国藩や（⑧　　　　　　　　　）が中心となり、欧米の技術導入
・しかし、政治制度は取り入れず＝（⑨　　　　　　　　）

### e. 東アジア諸地域との外交
・（⑩　　　　　　　　　　　）（1871年）…清と対等な条約
・（⑪　　　　　　　　　　）（1876年）…前年の江華島事件をきっかけに、朝鮮を開国させる
・（⑫　　　　　　　　　　　）（1875年）…千島列島を日本領に、樺太をロシア領に
・（⑬　　　　　　　　）…琉球王国に対する一連の施策
台湾出兵（1874年）→（⑭　　　　　　　　）設置（1879年）

**まとめ** 学習した知識と教科書等を参考に、単元のテーマを自分の言葉で説明してみよう。

_____

_____

_____

_____

_____

_____

_____

_____

_____

_____

_____

_____

## 3 大日本帝国憲法の制定

テーマ　大日本帝国憲法は、どのような特色をもった憲法だったのか

a. （⑮　　　　　　　　　　）の高まり

・板垣退助、後藤象二郎らが民撰議院設立建白書を提出

・政府は1881年、10年後の国会開設を約束

・（⑯　　　　　　　　）らをヨーロッパへ派遣

　→ドイツの憲法理論を学び、（⑰　　　　　　　　）を導入

b. （⑱　　　　　　　　　　）（明治憲法）発布（1889年2月11日）

・（⑲　　　　　　　　）…天皇が定めて国民に授ける憲法

・（⑳　　　　　　　　）…宣戦、講和、条約締結、陸海軍の統帥権など

・帝国議会…（㉑　　　　　　　）と（㉒　　　　　　　）の二院制

まとめ　学習した知識と教科書等を参考に、単元のテーマを自分の言葉で説明してみよう。

_____

_____

_____

_____

_____

_____

## 4 条約改正の実現

テーマ　条約改正を達成できたのはなぜか

a. 背景

・憲法制定（1889年）、諸法典の整備　→近代的立憲国家へ

・日清戦争（1894～95年）、日露戦争（1904～05年）→欧米諸国にとっての日本の重要性が高まる

b. 条約改正交渉の経過

・青木周蔵外相…ロシアのシベリア鉄道建設　→イギリスが日本との関係強化をはかり、交渉進展

　→しかし、（㉓　　　　　　　　）によって交渉中止

・（㉔　　　　　　　）外相

　→日清戦争直前の1894年、（㉕　　　　　　　　　　）を撤廃する日英通商航海条約調印、他の欧米諸国とも同様の条約締結

・（㉖　　　　　　　　）外相…日露戦争後に交渉

　→（㉗　　　　　　　　）を回復し、条約改正達成

まとめ 　学習した知識と教科書等を参考に、単元のテーマを自分の言葉で説明してみよう。

---

---

---

---

---

---

---

---

---

## 📖 史料・資料を読む

### 1 資料 1 を読み、問いに答えよう

資料 1 　**憲法って、何だろう？**

**憲法って、誰のために、何のためにあるの？**

　憲法は、国民の権利・自由を守るために、国がやってはいけないこと（またはやるべきこと）について国民が定めた決まり（最高法規）です。

　たとえば、国民の表現の自由を守るため、憲法21条は「…表現の自由は、これを保障する」と定めて、国に対し、国民の表現活動を侵してはならないと縛りをかけているのです（これが「基本的人権の保障」です。）。

　このように、国民が制定した憲法によって国家権力を制限し、人権保障をはかることを「立憲主義」といい、憲法について最も基本的で大切な考え方です。

　そして、国民の権利・自由を守るため国に縛りをかけるという役割をもっている憲法が、簡単に変えられてその縛りが緩められてしまうようでは困りますから、通常、立憲主義の国では、憲法を変えるには、普通の法律を変えるより厳しい手続が必要とされています。

　憲法は、国民のために、国民の権利・自由を国家権力から守るためにあるのです。

（日本弁護士連合会ウェブサイトより抜粋）

問1 　**憲法とはどういうものか、次の空欄にあてはまる語句を書こう。**
　　憲法とは…　（① 　　　　　　　　　）を制限し、（② 　　　　　　　　　）を守るためのものである。

## 2 資料 2 、 3 を読み、問いに答えよう

資料 2　**日本国憲法**（1947年）

　日本国民は、正当に選挙された国会における代表者を通じて行動し、われらとわれらの子孫のために、諸国民との協和による成果と、わが国全土にわたって自由のもたらす恵沢を確保し、政府の行為によって再び戦争の惨禍が起ることのないやうにすることを決意し、ここに主権が国民に存することを宣言し、この憲法を確定する。……

第一条　天皇は、日本国の象徴であり日本国民統合の象徴であって、この地位は、主権の存する日本国民の総意に基く。

第九条　日本国民は、正義と秩序を基調とする国際平和を誠実に希求し、国権の発動たる戦争と、武力による威嚇又は武力の行使は、国際紛争を解決する手段としては、永久にこれを放棄する。

　二　前項の目的を達するため、陸海空軍その他の戦力は、これを保持しない。国の交戦権は、これを認めない。

第十一条　国民は、すべての基本的人権の享有を妨げられない。この憲法が国民に保障する基本的人権は、侵すことのできない永久の権利として、現在及び将来の国民に与へられる。

第九十九条　天皇又は摂政及び国務大臣、国会議員、裁判官その他の公務員は、この憲法を尊重し擁護する義務を負ふ。

資料 3　**大日本国帝国憲法**（1889年）

第一条　大日本帝国は万世一系の天皇之を統治す

第三条　天皇は神聖にして侵すべからず

第四条　天皇は国の元首にして統治権を総攬し此の憲法の条規に依り之を行う

第五条　天皇は帝国議会の協賛を以て立法権を行う

第十一条　天皇は陸海軍を統帥す

第二十八条　日本臣民は安寧秩序を妨げず及臣民たるの義務に背かざる限りに於て信教の自由を有す

第二十九条　日本臣民は法律の範囲内に於て言論著作印行集会及結社の自由を有す

第三十三条　帝国議会は貴族院衆議院の両院を以て成立す

第三十五条　衆議院は選挙法の定むる所に依り公選せられたる議員を以て組織す

第三十八条　両議院は政府の提出する法律案を議決し及各々法律案を提出することを得

第四十条　両議院は法律又は其の他の事件に付き各々其の意見を政府に建議することを得但し其の採納を得ざるものは同会期中に於て再び建議することを得ず

問 2 資料 2 、 3 を読んで、それぞれの憲法について、問いに答えよう。

　(1)主権（統治権）がどこにあるのかを読み取ろう。
　(2)人権を保障している条文を答えよう。

　　資料 2 　(1)主権（　　　　　　　　　　　）　(2)人権の保障　第（　　　　　）条
　　資料 3 　(1)主権（　　　　　　　　　　　）　(2)人権の保障　第（　　　　　）条

# 3 　資料 4 、 5 を読み、問いに答えよう

**資料 4　オスマン帝国憲法（ミドハト憲法）**（1876年）

第三条　オスマン家の至高なるスルタン権はイスラームの偉大なカリフ権を有し、古来の方法に従ってオスマン家系の最年長男子に帰する。

第七条　国務大臣の任免、位階勲章の授与、特別州における特権条項に応じた知事の任免、貨幣の鋳造、金曜礼拝の説教における御名の読誦、外国との条約締結、宣戦布告および講和、陸海軍の統帥、軍事行動の指揮とイスラーム法および法律の執行、公行政に係わる命令の制定、刑事裁判により宣告された刑罰の軽減、帝国議会の召集と停会、必要と考える時に議員を新たに選挙する条件の下での代議員の解散は、スルタンの神聖な大権に属する。

第八条　オスマン国籍を有する者はすべて、いかなる宗教宗派に属していようとも例外なくオスマン人と称される。オスマン人の資格は、法律の定めるところにより、取得または喪失される。

第九条　すべてのオスマン人は個人の自由を有し、他者の自由を侵さない義務を負う。

第十一条　オスマン帝国の国教はイスラーム教である。この原則を遵守し、かつ国民の安全と公共良俗を侵さない限り、オスマン帝国領において認められるあらゆる宗教行為の自由、ならびに処々の宗教共同体に与えられてきた宗教的特権の従来通りの行使は、国家の保障の下にある。

第四十二条　帝国議会は、元老院と代議院という名の両議院でこれを構成する。

（『世界史史料 8 』岩波書店、2009年）

**資料 5　フランス第二共和政憲法**（1848年）

前文　神の御前にて、フランス人民の名において、国民議会は次のように宣言する。

四　フランス共和国は、自由、平等、友愛を原理とする。フランス共和国は、家族、労働、所有、公共の秩序を基盤とする。……

八　共和国は、市民の身体、家族、信仰、財産、労働を保護し、すべての者に必要不可欠な教育をだれもが受けられるようにしなければならない。……

第一条　主権は、フランス市民の総体に存する。主権は、譲渡不可能であり、不可侵である。いかなる個人といえども、また人民のいかなる部分といえども、主権の行使を独占することはできない。……

第二十条　フランス人民は、立法権を一院制の議会に委譲する。……

第四十三条　フランス人民は、行政権を共和国大統領の資格を授与される一市民に委譲する。……

（『世界史史料 6 』岩波書店、2007年）

問 3 　資料 3 （大日本帝国憲法）と、資料 4 、 5 を比較して、共通点と相違点を読み取ろう。
　　※問 2 のように、主権や人権の保障などに注目しよう。

(1) 資料 3 と 資料 4 の比較

| 共通点 | 相違点 |
|---|---|
|  |  |
|  |  |
|  |  |

(2) 資料 3 と 資料 5 の比較

共通点　　　　　　　　　　　　　　　　　　相違点

--------------------------------------------------------

--------------------------------------------------------

--------------------------------------------------------

問4　資料 3 〜 5 の各国の憲法について、現在の日本国憲法（資料 2 ）を100点とした場合、何点だろうか、理由も考えよう。

【評価の基準】・いかに権力を制限しているか（より国民の意見を取り入れる形になっているか）
　　　　　　　・どの程度人権を保障しているか
【点数について】100点満点ではないので、100点を超える点数をつけてもよい。

資料 3 （　　　　　）点
理由

--------------------------------------------------------

--------------------------------------------------------

--------------------------------------------------------

資料 4 （　　　　　）点
理由

--------------------------------------------------------

--------------------------------------------------------

--------------------------------------------------------

資料 5 （　　　　　）点
理由

--------------------------------------------------------

--------------------------------------------------------

--------------------------------------------------------

# 4 資料 6 〜 9 を読み、問いに答えよう

### 資料 6 　オックスフォード大学教授ダイセーの談話（金子堅太郎『欧米議院制度取調巡回記』）
日本政府が、ドイツ憲法を模範として憲法を制定されたことは、実に賢明なことであったと言わざるを得ません。ドイツは、現在、勢いがさかんに増している国であり、将来がもっとも期待されている国です。……思うに、君主政体をながく維持しようとすれば、帝王の大権を強大にせざるを得ません。イギリスの君主政体は、イギリスに特有なもので、他の国で容易にこれを模倣することはできないのです。

### 資料 7 　イギリスの大学者スペンサーの談話（金子堅太郎『欧米議院制度取調巡回記』）
日本憲法を制定するにあたっては、漸進的な保守主義の立場をとって、日本の歴史や習慣を基礎として、その一方で欧米各国の憲法精神を採用して、旧来の日本の政体を欧米の立憲主義に適用させていくことを必要とします。……今あなたから聞くところによれば、日本の憲法は日本古来の歴史や習慣を基本として、漸進的な保守主義をもって起草されたという。ならばこの憲法は、私がもっとも賛成とするものであります。

### 資料 8 　憲法の発布（『ベルツの日記』）
二月九日（東京）　東京全市は、十一日の憲法発布をひかえてその準備のため、言語に絶した騒ぎを演じ
　　ている。到るところ、奉祝門、照明、行列の計画、だが、滑稽なことには、誰も憲法の内容をご存
　　じないのだ。
二月十六日（東京）日本憲法が発布された。もともと国民に委ねられた自由なるものはほんの僅かである。
　　しかしながら、不思議なことにも、以前は「奴隷化された」ドイツの国民以上の自由を与えようと
　　しないといって悲憤慷慨したあの新聞が、すべて満足を表しているのだ。

### 資料 9 　「愚にして狂なる」国民（幸徳秋水『兆民先生』）
明治二十二年春、憲法発布せらるる、全国の民歓呼沸くが如し。先生嘆じて曰く、吾人賜与せらるるの憲法果して如何の物か、玉かはた瓦か、未だ其の実を見るに及ばずして、先づ其名に酔ふ、我国民の愚にして狂なる、何ぞ此くの如くなるやと。憲法の全文到達するに及んで、先生通読一遍ただ苦笑するのみ。

まとめ　問 1 〜 4 の内容、資料 6 〜 9 を参考にしながら、当時の日本の近代的立憲国家体制について評価を下し（5 段階評価）、その理由も書こう。

　日本の近代的立憲国家体制への評価（該当する数字に○をつけよう）

【 高　5 4 3 2 1　低 】

　理由

# 5 帝国主義政策

◆単元をつらぬく問い

なぜ欧米列強および日本に帝国主義が広がり、植民地形成に至ったのか。また帝国主義はどのような変化をもたらしたか

## 史実の確認

## 1 列強による帝国主義

テーマ　なぜ欧米列強は帝国主義を進めていったのか

a．第2次産業革命と帝国主義

・1870年代〜、ヨーロッパ、北アメリカで（①　　　　　　　　　　　　）が起こる

「石油と電力」を基本とする技術革新が進展　…金融と結び付いて独占資本主義が成立

→欧米列強は、原料獲得・市場の拡大・資本の投下先を求め（②　　　　　　　　）政策を進める

b．欧米諸国の帝国主義政策

＜イギリス＞

・1877年、（③　　　　　　　　　　　）を皇帝とするインド帝国が成立

・植民地相（④　　　　　　　　　　　　　）のもと、アフリカ・アジアへ進出

＜アメリカ合衆国＞

・1889年、（⑤　　　　　　　　　　）会議

→アメリカ大陸諸国間の関係強化を目指す

・1898年、（⑥　　　　　　）戦争でスペインに勝利

→フィリピン・グアムを獲得、ハワイ併合

＜ドイツ＞

・（⑦　　　　　　　　　　　　）が世界分割を求め「（⑧　　　　　　　　）」をおし進める

→イギリス・フランス・ロシアなどとの緊張関係を高める

＜フランス＞

・国内の政情が不安定　→国内対立を緩和するためアフリカ植民地の拡張を進める

→アフリカ・東南アジアの植民地化をめぐってイギリスと対立

・20世紀初頭、ドイツの進出を警戒　→（⑨　　　　　　　　　　）を結ぶ

＜ロシア＞

・1890年代、外国（フランス）資本導入により工業化が進む

・1891年、（⑩　　　　　　　　　）の建設開始

極東地域に進出し、国外市場の開拓を狙う　→日本と対立し（⑪　　　　　　）戦争へ

列強による世界分割競争　→（⑫　　　　　　　　　　　　）へとつながる

まとめ　学習した知識と教科書等を参考に、単元のテーマを自分の言葉で説明してみよう。

_____

_____

## 2 帝国主義がアジア・アフリカにもたらしたもの

テーマ　欧米列強の帝国主義に対し、アジア・アフリカはどのような対応したのか

**a．列強のアフリカ分割**
  ・20世紀初めのアフリカ大陸
   エチオピア帝国とリベリア共和国を除き全域が列強の支配下となる＝「（⑬　　　　　　　　　）」
   単一の農産物や鉱物資源を生産する（⑭　　　　　　　　　）経済化が進む

**b．西アジア諸国の改革**
  ＜オスマン帝国＞
  ・1876年、（⑮　　　　　　　　　）制定＝アジア初の憲法
  →露土戦争の勃発により停止
  →1908年、憲法の復活を求め（⑯　　　　　　　　　）が起こる
  ＜イラン（カージャール朝）＞
  ・民族意識の高まり
   （⑰　　　　　　　　　）が勃発…イギリス人へのタバコ利権譲渡に反対
   1905年：（⑱　　　　　　　　　）…王の専制支配に反対
   （⑲　　　　　　　　　）…ムスリムの連帯を強化し、帝国主義への抵抗を目指す
   　　　　　　　　提唱者：（⑳　　　　　　　　　）
  ＜インド＞
  ・インド大反乱後…イギリス領インドが成立
  ・1885年、（㉑　　　　　　　　　）の創設…成立当初はイギリスに協力的
  →のちに自治・独立を求め（㉒　　　　　　　　　）ら急進派がイギリスの植民地政策への批判を強める
  ＜東南アジア＞
  ・植民地化への抵抗
   フィリピンの指導者…（㉓　　　　　　　　　）
   ベトナムの指導者…（㉔　　　　　　　　　）
  →国民意識が高まり、独立や自治を求める民族運動が激化
   （例）（㉕　　　　　　　　　）運動…反仏独立運動から展開された日本への留学運動
   　　　　　　　　日本政府から追放され挫折

まとめ　学習した知識と教科書等を参考に、単元のテーマを自分の言葉で説明してみよう。

_____

_____

_____

## 3 日清戦争とその影響

テーマ　欧米列強による中国分割はなぜ開始されたのか

### a．日清戦争

・朝鮮への進出を図る日本と宗主国を主張する清が対立　→朝鮮国内での政治対立が激化

・1884年、（㉖　　　　　　　　　）…日本軍と結んだ朝鮮国内の急進改革派によるクーデタ

　→清軍介入により失敗。翌年、（㉗　　　　　　　）により日清の衝突は回避

・1894年、（㉘　　　　　　　　　）…朝鮮で農民蜂起。日本と中国が鎮圧へ

　　　　　（㉙　　　　　　　　　）…日本軍の圧倒的勝利に終わる

　　　　　　　→日本初の本格的な対外戦争。「国民」の自覚が高まる

### b．東アジアの構造変動

・1895年：（㉚　　　　　　　）が結ばれる

　清は（㉛　　　　　　）の独立、（㉜　　　　　　　　）や台湾の割譲、賠償金２億両の支払いを承認

　ロシア、フランス、ドイツによる（㉝　　　　　　　　）→（㉜）は清に返還

・清…朝鮮に対する宗主権喪失、琉球の日本帰属が決定

　→東アジアの伝統的な華夷秩序（冊封体制）の崩壊

・列強による中国への帝国主義侵略が本格化　→中国分割の開始

まとめ　学習した知識と教科書等を参考に、単元のテーマを自分の言葉で説明してみよう。

## 4 日露戦争

テーマ　東アジアにおける日本の立ち位置はどのように変化したのか

### a．義和団事件

・1900年、（㉞　　　　　　　　　）…「扶清滅洋」を旗印に義和団が列強の侵略に反発

　清が義和団とともに各国に宣戦

　→８か国連合軍に敗れ、清は賠償金支払いや列強の北京駐留を承認

### b．日露戦争

・義和団事件後

　日本はロシアを警戒、イギリスと（㉟　　　　　　　　）を結ぶ

・1904年、（㊱　　　　　　　）勃発

　1905年１月、日本が旅順を陥落させる　３月、奉天会戦に勝利　５月、日本海海戦に勝利

　→日本が優勢となるも、戦争の長期化で継続が困難

　　ロシアでも（㊲　　　　　　　　　）が発生

　　※1905年１月、首都ペテルブルクで「（㊳　　　　　　　　　）事件」が発生し、革命が広がる

　　1905年９月、（㊴　　　　　　　　　）締結

　　　　　　　　仲介：アメリカ大統領（㊵　　　　　　　　　　　　　）

c．朝鮮半島の植民地化

　　・1897年、朝鮮が国号を（㊶　　　　　　　　）に改める

　　　日本：（㊴）で朝鮮半島での優先権獲得　→３度にわたる（㊷　　　　　　　　）で韓国を保護国化

　　・1910年、日本による（㊸　　　　　　　　）→京城（現在のソウル）に朝鮮総督府を設置

ｄ．辛亥革命

　　・清：義和団事件後、諸改革を始める

　　（例）科挙の廃止、立憲制への移行など

　　・清朝打倒を目指す革命運動

　　（㊹　　　　）：三民主義をかかげて革命勢力を結集

　　　　　　※三民主義…民族独立・民権確立・民生安定

　　1911年10月、（㊺　　　　　　　）→1912年１月、南京に共和制の（㊻　　　　　　　）が成立

まとめ　学習した知識と教科書等を参考に、単元のテーマを自分の言葉で説明してみよう。

_____

_____


## 史料・資料を読む

# 1　列強による帝国主義

問１　[資料]１の人物はイギリスのケープ植民地首相セシル＝ローズである。この人物の両足はアフリカ大陸の最北と最南に置かれているが、これは何を意味しているか。

資料１

_____

_____

問２　[資料]２について問いに答えよう。

⑴文中のＡ「優秀な人種」、Ｂ「劣等なあるいは退化した人種」はそれぞれ何を指しているか。
　　Ａ（　　　　　　　　　　　　　　）
　　Ｂ（　　　　　　　　　　　　　　）
⑵この文章の筆者が言いたいことは何だろうか。

資料２　ルナン『文明化の使命』

> Ａ優秀な人種が、Ｂ劣等なあるいは退化した人種の向上をはかることは、人類にとって、神の摂理にかなった事業である。わが大陸の住民は身分の低い庶民も、ほとんどつねに没落貴族といえる。彼は労働よりは戦いを選ぶ。すなわち、世界を征服することこそがわれわれの使命なのである。

_____

_____

問3 3 を見て、問いに答えよう。

(1)欧米列強はどの地域に進出して植民地としたのだろうか。

資料 3　**列強による世界分割**

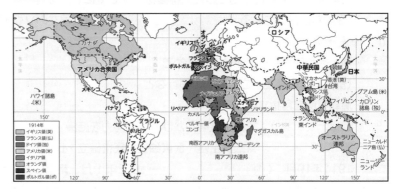

1914年
- イギリス領（英）
- フランス領（仏）
- ドイツ領（独）
- アメリカ領（米）
- イタリア領
- オランダ領
- スペイン領
- ポルトガル領（ポ）

(2)欧米列強はなぜ(1)のような地域に進出して植民地化を進めていったのだろうか。教科書などを参考に述べよう。

## 2 帝国主義がアジア・アフリカにもたらしたもの

問4 4 を見て、列強によるアフリカ分割が現在にどのような影響を与えているか、以下の問いに答えよう。

資料 4　**主な国の商品別輸出割合**（『世界国勢図会　2022/23』）

中国（2020年）

| 輸出 | 百万ドル | % |
|---|---|---|
| 機械類………… | 1 150 073 | 44.4 |
| うち通信機器… | 270 786 | 10.5 |
| 　コンピュータ | 170 178 | 6.6 |
| 　集積回路…… | 116 496 | 4.5 |
| 繊維品………… | 154 091 | 6.0 |
| 衣類…………… | 141 501 | 5.5 |
| 金属製品……… | 107 039 | 4.1 |
| 自動車………… | 81 706 | 3.2 |
| 精密機械……… | 78 625 | 3.0 |
| 家具…………… | 69 058 | 2.7 |
| 有機化合物…… | 48 798 | 1.9 |
| 鉄鋼…………… | 46 451 | 1.8 |
| 照明器具……… | 38 914 | 1.5 |
| はきもの……… | 38 111 | 1.5 |
| がん具………… | 33 483 | 1.3 |
| プラスチック… | 33 380 | 1.3 |
| 石油製品……… | 27 006 | 1.0 |
| 野菜・果実…… | 25 562 | 1.0 |
| 医薬品………… | 22 067 | 0.9 |
| 船舶…………… | 21 740 | 0.8 |
| 計×………… | 2 589 098 | 100.0 |

（×…その他とも）

アメリカ合衆国（2020年）

| 輸出 | 百万ドル | % |
|---|---|---|
| 機械類………… | 351 431 | 24.6 |
| うち集積回路… | 43 175 | 3.0 |
| 自動車………… | 101 941 | 7.1 |
| うち乗用車…… | 45 643 | 3.2 |
| 　部品類……… | 33 978 | 2.4 |
| 精密機械……… | 66 617 | 4.7 |
| うち医療用機器 | 25 574 | 1.8 |
| 石油製品……… | 64 826 | 4.5 |
| 医薬品………… | 57 850 | 4.0 |
| 原油…………… | 50 286 | 3.5 |
| プラスチック… | 46 615 | 3.3 |
| 有機化合物…… | 33 690 | 2.4 |
| 大豆…………… | 25 851 | 1.8 |
| 金属製品……… | 25 682 | 1.8 |
| 野菜・果実…… | 24 223 | 1.7 |
| 金（非貨幣用）・ | 23 433 | 1.6 |
| 肉類…………… | 19 711 | 1.4 |
| 液化石油ガス… | 14 484 | 1.0 |
| 液化天然ガス… | 13 189 | 0.9 |
| 計×………… | 1 430 254 | 100.0 |

ガーナ（2019年）

| 輸出 | 百万ドル | % |
|---|---|---|
| 金（非貨幣用）・・ | 6 199 | 37.0 |
| 原油…………… | 5 252 | 31.3 |
| カカオ豆……… | 1 852 | 11.0 |
| ココアペースト | 410 | 2.4 |
| 野菜・果実…… | 400 | 2.4 |
| うちカシューナッツ | 243 | 1.5 |
| マンガン鉱…… | 350 | 2.1 |
| ココアバター… | 337 | 2.0 |
| 魚介類………… | 200 | 1.2 |
| 無機化合物…… | 123 | 0.7 |
| 計×………… | 16 768 | 100.0 |

ザンビア（2020年）

| 輸出 | 百万ドル | % |
|---|---|---|
| 銅鉱…………… | 5 733 | 73.5 |
| 銅鉱…………… | 183 | 2.3 |
| セメント……… | 124 | 1.6 |
| 機械類………… | 118 | 1.5 |
| 葉たばこ……… | 112 | 1.4 |
| 電力…………… | 112 | 1.4 |
| 鉄鋼…………… | 98 | 1.3 |
| 硫酸…………… | 95 | 1.2 |
| 砂糖…………… | 86 | 1.1 |
| 貴石・半貴石… | 71 | 0.9 |
| 計×………… | 7 805 | 100.0 |

ナイジェリア（2020年）

| 輸出 | 百万ドル | % |
|---|---|---|
| 原油…………… | 26 322 | 75.4 |
| 液化天然ガス… | 3 922 | 11.2 |
| 船舶…………… | 2 173 | 6.2 |
| 石油ガス……… | 472 | 1.4 |
| ごま…………… | 300 | 0.9 |
| カカオ豆……… | 292 | 0.8 |
| 化学肥料……… | 190 | 0.5 |
| ココアバター… | 171 | 0.5 |
| 野菜・果実…… | 140 | 0.4 |
| うちカシューナッツ | 113 | 0.3 |
| 計×………… | 34 900 | 100.0 |

ボツワナ（2020年）

| 輸出 | 百万ドル | % |
|---|---|---|
| ダイヤモンド… | 3 749 | 88.1 |
| 機械類………… | 143 | 3.4 |
| 金（非貨幣用）・ | 46 | 1.1 |
| ソーダ灰……… | 40 | 0.9 |
| 銅鉱…………… | 26 | 0.6 |
| 塩……………… | 24 | 0.6 |
| 自動車………… | 23 | 0.5 |
| 牛肉…………… | 19 | 0.5 |
| プラスチック… | 16 | 0.4 |
| 石炭…………… | 16 | 0.4 |
| 計×………… | 4 256 | 100.0 |

(1) 資料 4 から、現在の先進国とアフリカの輸出品目について比較し、わかることをまとめよう。

_____

_____

(2)アフリカ諸国の現在の生産・輸出割合が 資料 4 のようになっている歴史的な背景を述べよう。

_____

_____

(3) 資料 5 について、帝国主義の時代に直線の国境が引かれたことによる現代アフリカの問題点にはどのようなものがあるだろうか。

資料 5  **アフリカ国境**

_____

_____

問 5  資料 6 を例に、帝国主義に対してアジア・アフリカでどのような動きが見られたか、述べよう。

資料 6  **アフガーニーの主張**

> 彼らのところに押し寄せる全ての洪水から、その協調によって、自分たちを守るダムを造ることができた！しかし、私は全てのムスリムが一人の指導者を持たなければならないということを主張しているのではない。というのも、そのようなことは恐らく達成が困難だからである。しかしながら、私は彼らの全能の主はクルアーン（コーラン）であり、宗教が彼らの統一の基礎であるべきであると求める。

_____

_____

# 3 日清戦争とその影響

問 6  資料 7 のA〜Cの人物が表している国を □□□□ から選び、答えなさい。

| ロシア | 日本 | 中国 |
| --- | --- | --- |

A （　　　　　　　　　　　）

B （　　　　　　　　　　　）

C （　　　　　　　　　　　）

資料 7  **ビゴー『魚釣り遊び』**

問7 日清戦争の時期に、日本の戦争観はどうなっていたのか。 資料 8～10を見て述べよう。

**資料 8 日本のジャーナリストによる記録**

忠君愛国〈主君に尽くし、国を愛すること〉の標語が学校で叫ばれたそもそもの初めは、この頃、すなわち明治24、5年〈1891、2年〉頃であったろう。だから、初めそれは学校児童のみの標語だった。それが家庭にまで入り来り、町内のどんな者にまでも行き亘ったのは、日清戦争中のことであり、戦争が人々の心髄にまでこれを打ち込んだのだった。

（生方敏郎『明治大正見聞史』）

**資料 9 戦争祝賀会の様子**（1894年12月）

（「東京市祝捷大会」都立中央図書館所蔵）

**資料10 1890年に出された教育勅語**（1948年まで有効）

| 原文 | 現代語訳（明治神宮崇敬会刊『たいせつなこと』） |
|---|---|
| 一旦緩急アレハ義勇公ニ奉シ以テ天壌無窮ノ皇運ヲ扶翼スヘシ是ノ如キハ獨リ朕カ忠良ノ臣民タルノミナラス又以テ爾祖先ノ遺風ヲ顕彰スルニ足ラン | もし国家の平和と国民の安全が危機に陥るような非常事態に直面したら、愛する祖国や同胞を守るために、それぞれの立場で「勇気を出してがんばります」と覚悟を決め、力を尽くしましょう。いま述べたようなことは、善良な日本国民として不可欠の心得であると共に、その実践に努めるならば、皆さんの祖先たちが昔から守り伝えてきた日本的な美徳を継承することにもなりましょう。 |

# 4 日露戦争

問8 下関条約とポーツマス条約は、いずれも日本が勝利を収めた戦争における条約である。この２つの条約の大きな違いは何か。 資料 11、12から読み取ろう。

**資料11 下関条約**

・清国は朝鮮の独立を認める。
・清国は遼東半島、台湾、膨湖諸島を日本に譲り渡す。
・清国は賠償金として２億両（約3億1000万円）を日本に支払う。

**資料12 ポーツマス条約**

・ロシアは韓国に対する日本の指導権を認める。
・両国とも満州から撤退する。
・ロシアは長春以南の鉄道利権などを日本に譲渡する。
・ロシアは樺太（サハリン）を日本に割譲する。
・日本海、オホーツク海、ベーリング海のロシア領地沿岸における日本の漁業権を認める。

問9 ポーツマス条約締結後には「日比谷焼き打ち事件」が起こった。その原因として考えられるものを、問8と 資料 13、14を関連づけてまとめよう。

資料 13　七博士講和条件　（『朝日新聞』1905年6月14日）
日露戦争後の条約として望まれる内容を示したもの

> 講和条件
> 一　償金　三十億円
> 一　土地
> 　（一）樺太、カムチャツカのみならず沿海州全部の割譲
> 　（二）遼東半島に於て露国の有せる権利を譲与せしむること
> 　（三）満州に関しては日清両国の決定する所に任すべし
> 一　物
> 　（一）東清鉄道及びその敷地の譲与
> 一　国際役務
> 　（一）太平洋並びに日本海に露国をして艦隊を置かしめざること

資料 14　日清戦争と日露戦争の比較

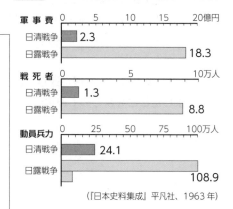

（『日本史料集成』平凡社、1963年）

問10 日露戦争以後のアジア諸国から日本への評価はどのように変化していったのかを 資料 15、16を読んで答えよう。

資料 15　ネルーが見た日露戦争

> 日本は勝ち、大国の列に加わる望みをとげた。アジアの一国である日本の勝利は、アジアのすべての国ぐにに、大きな影響をあたえた。わたしは少年時代、どんなにそれを感激したかを、おまえによく話したことがあったものだ。たくさんのアジアの少年、少女、そしておとなが、おなじ感激を経験した。ヨーロッパの一大強国はやぶれた。だとすればアジアは、ヨーロッパを打ち破ることもできるはずだ。ナショナリズムはいっそう急速に東方諸国にひろがり、「アジア人のアジア」の叫びが起こった。ところが、日露戦争の直後の結果は、少数の侵略的帝国主義国のグループに、もう一国をつけくわえたというにすぎなかった。
>
> （ネルー『父が子に語る世界歴史』）

資料 16　イギリス紙記者が見た義兵闘争

> ある老人は……日本兵が彼の家に放火するのを見て、そのまえにひざまずき、その足をつかんで涙ながらに哀願した。「……私の家を焼かないでくれ。そこが私の死に場所なのだ。私は年寄りで死ぬ日も近い」と。日本兵は彼をはらいのけたが、老人はなおも哀願した。「お願いだ！お願いだ！」と、彼は泣いた。その時、日本兵は銃をとって老人を撃った。我々は彼を埋葬した。
>
> （マッケンジー『義兵闘争から三一独立運動へ』）

# 「近代化と私たち」のまとめ

◆第2部では、近代化がもたらしたことについて様々な観点から学習を進めてきました。そこには良いことも悪いこともありました。また、それらのことは現代を生きる"私たち"にも影響を与えると同時に、"私たち"とは一体誰なのかを巡る争いでもありました。そこで、「統合・分断」、「同化・異化」という観点で近代化を再考してみましょう。

**問1**　これまでの学習を振り返り、あなたが第2部の最初に表現した「問い」について、わかったことや考察したことをまとめてみよう。

## 1　近代化がもたらしたことについて、「統合・分断」、「同化・異化」という観点から再考する。

資料 1　**シモン＝ボリバル（南米独立の活動家）『アンゴストゥーラ演説』**（1819年）

　われわれの民衆はヨーロッパ人でもなければ北アメリカ人でもない。われわれにはヨーロッパから醸し出されたというよりもむしろアフリカとアメリカのブレンドの香りがすると言える。そしてスペインですら、その自らが持つアフリカの血と制度と性格から、ヨーロッパ的であることを放棄している。われわれがどの家系に属しているのか正確に確定することは不可能である。先住民の大部分は絶滅させられており、ヨーロッパ人はアメリカ人やアフリカ人と混血し、そしてアフリカ人はまた先住民やヨーロッパ人と混血している。すべての者が一人の同じ母親の体内から生まれたが、われわれの父親は、生まれた場所や血統も違って、外国人であり、外見上は肌の色がみんな異なっている。この相違が最も重要なことである。……

　この混沌の中からわれわれの生まれたばかりの共和国を救い出すことを考えると、もし国民大衆を、政府の構造を、法制度を、そして国民の精神を一つに融合することができなければ、我々のすべての道徳心だけではその混沌から助け出す力は十分ではないであろう。団結、団結、団結、それが我々のモットーでなければならない。われわれ市民ひとりひとりの血は異なっているが、一つになるために混血せねばならない。憲法は権力を分立させているが、われわれは団結するために一つにならねばならない。

（頼田敏之「シモン・ボリーバルの「ネイション」観」『神奈川大学大学院　言語と文化論集』第24号、2018年）

資料 2　**アメリカ合衆国『帰化法「自由白人」規定』**（1790年）

　アメリカ合衆国連邦議会の上院および下院は、以下の法律を定める。すなわち、外国で生まれたもので、自由な白人であり、アメリカ合衆国の管轄内に二年間居住したものは、市民となることが認められる。……

資料 3　**アメリカ合衆国『排華移民法』**（1882年）

　中国人労働者のアメリカ合衆国への流入が、領域内の土地において守られるべき秩序を危険にさらしているとのアメリカ合衆国政府の判断により、召集された連邦議会の上院および下院は、以下の法律を定める。……

**第1条**　本法律の制定の九〇日後以降、また、本法律が一〇年後に失効するまでの間、アメリカ合衆国への中国人労働者の入国を停止する。……

**第14条**　これ以降、州法廷およびアメリカ合衆国法廷は中国人に市民権を認めてはならない。……

資料 4　アメリカ合衆国『ドーズ法』（1887年）

第6条 ……土地割り当てが実施されたインディアンの各集団あるいは各部族の個人およびすべての構成員は、居住する州あるいは准州の民法と刑法から利益を享受するとともに、法に従わねばならない。……さらにこの法の条項、あるいはいかなる法律や条約の下でも、土地を割り当てられた合衆国領内に居住するインディアン、また合衆国領内に生まれ、部族から離れて自発的に居住場所を選び、文明生活の習慣を選んだすべてのインディアンは、ここに合衆国市民であることを宣言され、市民としてのすべての権利、特権、そして免除の資格を有するものとする。

(資料2〜4出典『世界史史料7』岩波書店、2008年)

問 2　資料 1 において、共和国を救い出すために必要な市民とはどのような人たちか、まとめよう。

問 3　資料 2 〜 4 を参考に、アメリカの市民とはどのような人たちか、まとめよう。

問 4　アメリカの日系移民と、中南米の日系移民について、19 世紀後半から 20 世紀前半にかけての歴史を調べてまとめよう。また、ペルーにおける中華系移民についても同様にまとめよう。

| | |
|---|---|
| アメリカの日系移民 | |
| 中南米の日系移民 | |
| ペルーの中華系移民 | |

**資料 5　北海道旧土人保護法** （1899 ［明治32］ 年）

第一条　北海道旧土人にして農業に従事する者又は従事せむと欲する者には、一戸に付土地一万五千坪以内を限り無償下付することを得

第二条　前条に依り下付したる土地の所有権は左の制限に従ふべきものとす

　　一、相続に因るの外譲渡すことを得ず

　　二、質権・抵当権・地上権又は永小作権を設定することを得ず

　　三、北海道庁長官の許可を得るに非ざれば地役権を設定することを得ず

　　四、留置権・先取特権の目的となることなし

　　前条に依り下付したる土地は下付の年より起算して三十箇年の後に非されば地租及地方税を課せず、又登録税を徴収せず

　　旧土人に於て従前より所有したる土地は北海道庁長官の許可を得るに非されば相続に因るの外之を譲渡し又は第一項第二及第三に掲げたる物権を設定することを得ず

第三条　第一条に依り下付したる土地にして其の下付の年より起算し十五箇年を経るも、尚開墾せざる部分は之を没収す

第四条　北海道旧土人にして貧困なる者には農具及種子を給することを得

第五条　北海道旧土人にして疾病に罹り自費治療すること能はざる者には薬価を給することを得

第六条　北海道旧土人にして、疾病、不具、老衰又は幼少の為自活すること能はざる者は従来の成規〈明治七年第百六十二号恤救規則〉に依り救助するの外仍之を救助し救助中死亡したるときは埋葬料を給することを得

第七条　北海道旧土人の貧困なる者の子弟にして就学する者には授業料を給することを得

第九条　北海道旧土人の部落を為したる場所には国庫の費用を以て小学校を設くることを得

第十条　北海道庁長官は北海道旧土人共有財産を管理することを得

　　北海道庁長官は内務大臣の許可を経て共有者の利益の為に共有財産の処分を為し又必要と認むるときは其の分割を拒むことを得

　　北海道庁長官の管理する共有財産は北海道庁長官之を指定す

問5　資料 5 について、資料 4 との類似点を探してまとめよう。

問6　資料 5 について、資料 4 との相違点を探してまとめよう。

問7　資料 5 の法律制定後に生じた、「異化」の動きとして、どのようなことがあったと考えられるか、自分の考えを書こう。

問8 あなたの「問い」について、必要があれば修正し、さらに調べてみたいことをまとめてみよう。
修正が必要ない場合、新しい疑問や新たに調べてみたいことをまとめてみよう。

# 第3部

# 「国際秩序の変化や大衆化と私たち」の問いを表現する

◆以下にあげる資料は「国際秩序の変化や大衆化」の歴史に関連するものです。これらの資料を読み解きながら、これから「国際秩序の変化や大衆化と私たち」を学習するうえで、自分にとっての「国際秩序の変化や大衆化」を読み解くための「問い」を表現しよう。

## 1 国際関係の緊密化

資料 1 年表：1920〜30年代の国際的な動き

| 年 | できごと |
|---|---|
| 1919 | ヴェルサイユ条約締結 |
| 1920 | 国際連盟成立 |
| 1921 | ワシントン会議…海軍軍縮条約（※1）などを締結 |
| 1925 | ロカルノ条約…ヴェルサイユ条約の再確認 |
| 1926 | ドイツ、国際連盟加盟 |
| 1928 | パリ不戦条約 |
| 1930 | ロンドン軍縮会議（※2） |

※1 列強間で主力艦の保有比率を定める
　　米：英：日：仏：伊
　　＝5：5：3：1.67：1.67
※2 補助艦の保有比率を定める
　　米：英：日＝10：10：7

問1 資料 1 と中学校までの学習から、1920年代はどのような時代だったといえるか考えよう。

## 2 アメリカ合衆国とソヴィエト連邦の台頭

資料 2-1 アメリカ合衆国の債務・債権

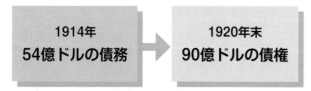

1914年 54億ドルの債務 ➡ 1920年末 90億ドルの債権

**イギリス・フランスへの債権（推計）**
18億3500万ドル（1917年7月時点）

資料 2-2 各国の製造業生産指数の推移

▼各国の製造業生産指数の推移

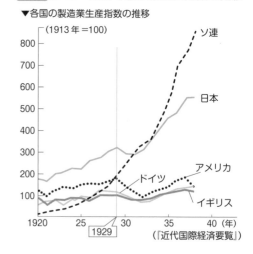

（『近代国際経済要覧』）

問2 資料 2-1、2 から、アメリカが20世紀初頭に世界経済をリードした要因は何か考えよう。また、ソ連が着実に生産力を伸ばしているのはなぜだろうか。

## 2 植民地の独立

資料 3-1 第二次世界大戦後の独立国

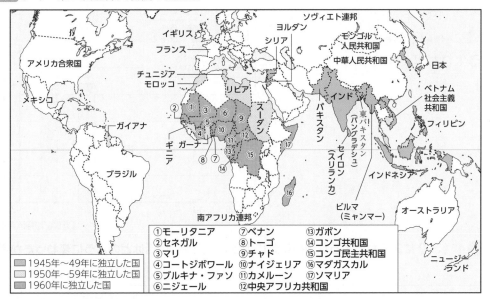

①モーリタニア　⑦ベナン　⑬ガボン
②セネガル　⑧トーゴ　⑭コンゴ共和国
③マリ　⑨チャド　⑮コンゴ民主共和国
④コートジボワール　⑩ナイジェリア　⑯マダガスカル
⑤ブルキナ・ファソ　⑪カメルーン　⑰ソマリア
⑥ニジェール　⑫中央アフリカ共和国

■ 1945年～49年に独立した国
□ 1950年～59年に独立した国
■ 1960年に独立した国

資料 3-2 20世紀初頭の世界

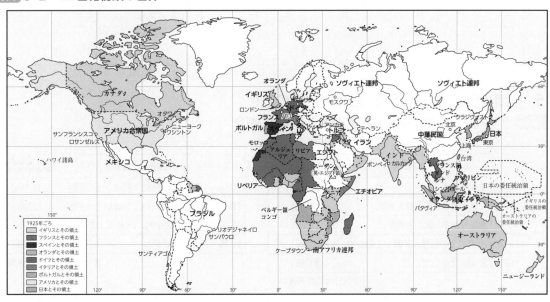

1925年ごろ
□ イギリスとその領土
□ フランスとその領土
■ スペインとその領土
■ オランダとその領土
■ ドイツとその領土
□ イタリアとその領土
□ ポルトガルとその領土
□ アメリカとその領土
■ 日本とその領土

問3　第二次世界大戦後に独立したナイジェリア・モロッコ・インドの現在の公用語を調べてみよう。
また、資料 3-1、2 を参考に、それらが公用語になった理由も述べよう。

| ナイジェリア | その理由 |
| --- | --- |
| モロッコ | |
| インド | |

## 4　生活様式の変化

**資料 4-1　食器洗浄機の広告の一部**
（1936年，アメリカ）

「1日1セント以下の電気で、手で洗うよりも早くきれいに洗える」

**資料 4-2　アメリカ合衆国の自動車登録台数**

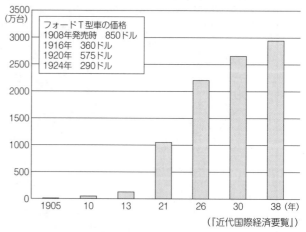

（『近代国際経済要覧』）

問4　**資料** 4-1、2 にみられるような技術革新によって、人々の生活はどのように変わったか考えよう。

---

## 5　大衆の政治的・経済的・社会的地位の変化

**資料 5　イギリスと日本の選挙権の拡大と有権者の割合**

| 年 | イギリス | |
|---|---|---|
| | 選挙権の拡大 | 全人口に対する有権者の割合 |
| 1832 | 中産市民層 | [4.6%] |
| 1867 | 工場労働者，中小商工業者 | [9%] |
| 1884 | 農業労働者，鉱山労働者 | [16%] |
| 1918 | 21歳以上の男性，30歳以上の女性 | [50%] |
| 1928 | 21歳以上の男女 | [63%] |

（『平凡社大百科事典』8）

| 年 | 日　本 | |
|---|---|---|
| | 選挙権の拡大 | 全人口に対する有権者の割合 |
| 1889 | 15円以上の納税，25歳以上の男性 | [1.1%] |
| 1900 | 10円以上の納税，25歳以上の男性 | [2.2%] |
| 1919 | 3円以上の納税，25歳以上の男性 | [5.5%] |
| 1925 | 25歳以上の男性 | [19.8%] |

（『新版日本長期統計総覧』1）

問5　**資料** 5 を参照して、イギリスと日本の選挙権拡大の推移を比べて気がついたことをあげよう。

問いを
表現

以下の５つのキーワードから、特に興味・関心を持ったものを２つあげよう。

## 【５つのキーワード】

「国際関係の緊密化」／「アメリカ合衆国とソヴィエト連邦の台頭」／「植民地の独立」／「生活様式の変化」／「大衆の政治的・経済的・社会的地位の変化」

これまでの資料の読み解きで生じた疑問点をふまえて、「私にとっての国際秩序の変化や大衆化を読み解くための問い」を表現してみよう。その際には、上で選んだキーワードから、疑問に感じた点やこれから学んでいきたいことを、「問い」の形で表現しよう。

※「問い」については、巻頭の「問いの例」も参照

| 問い | |
|---|---|
| この問いを立てた理由 | |

# 1 第一次世界大戦後の世界

◆単元をつらぬく問い

第一次世界大戦はなぜ、「現代のはじまり」と呼ばれるのか

## 1 第一次世界大戦

テーマ 第一次世界大戦は、世界にどのような変革をもたらしたのだろうか

### a．第一次世界大戦の勃発

これまで

列強による勢力均衡 ・ドイツ、オーストリア、イタリアの（①　　　　　　　　　）

・イギリス、フランス、ロシアの（②　　　　　　　　　）

多民族が混住する（③　　　　　　　）半島諸国が、ナショナリズムを掲げ領土拡大に走る

→「ヨーロッパの（④　　　　　　　）」と呼ばれるまでに対立が激化

・領土拡大を目指すセルビアと、セルビア人居住地域を併合したオーストリアが対立

・オスマン帝国が、ロシアと親しいバルカン諸国と対立…ロシアと対立する独墺と協調

1914年

オーストリア皇嗣がセルビア人に暗殺される（⑤　　　　　　　　　）事件が起こる

→両国間で戦争が勃発

→両国の友好国が参戦し、（⑥　　　　　　　　　　）へ発展

・オーストリア側：（⑦　　　　　　　）…ドイツ、オスマン帝国、ブルガリア　計４か国

・セルビア側：（⑧　　　　　　　）…露、仏、英、日本、イタリア、アメリカなど　計27か国

### b．第一次世界大戦の推移

1914年、ドイツの短期決戦作戦が失敗し、敵味方が塹壕に立てこもる長期戦となる

→戦争を進展させるため、新たな試みが取られる

・植民地の戦争参加、味方の兵数を増やす

→アラブ人・ユダヤ人・インド人・エジプト人の戦争協力

・全国民を戦争動員…（⑨　　　　　　　）体制の確立

・（⑩　　　　　　　）などの新兵器が採用され、戦争の機械化が進む

・通商の妨害…イギリスの海上封鎖、ドイツの（⑪　　　　　　　　　　）作戦

### c．第一次世界大戦の終結

1917年、海上輸送の停滞・軍用品優先の生産により、交戦国で国民の生活が大幅に悪化

→（⑫　　　　　　　）革命が起こり、革命政府は戦争から離脱

→ドイツが再開した（⑪）作戦で被害を受けたアメリカが、連合国として参戦

↓連合国が、物資生産の面で有利になる

1918年、（⑬　　　　　　　）革命が起こり、新政府が連合国と休戦…第一次世界大戦が終結

**d．日本と第一次世界大戦の拡大**

1914年、日本は（⑭　　　　　　　　　）を根拠に連合国側で参戦

　→中国、太平洋のドイツ植民地を占領

1915年、中華民国へ（⑮　　　　　　　　　　）を提出

　┌・ドイツの権益を継承

　│・旅順・大連の租借期限を99年延長、資源に関する権利を拡大

　└・中国政府顧問として日本人を雇用するよう要求…列強から実質的な植民地化と批判され、撤回

このころ、ヨーロッパ製品の輸出が途絶え、代わりに戦場から離れたアメリカと日本に注文が集中

　→日本は鉄鋼・船舶を中心に（⑯　　　　　　　　）発生、成金と呼ばれる富裕層が登場

　　アメリカはイギリスに代わり世界経済の中心となり、大量生産・大量消費社会の到来を準備

1918年、革命を中断させてロシアを戦線復帰させるため、連合国がロシアへ侵攻

　→日本は撤兵を遅らせたため、列強の不信を招く

　→米騒動など大戦中から続く負担感が、こののち普通選挙運動など権利意識の向上につながる

[まとめ]　学習した知識と教科書等を参考に、単元のテーマを自分の言葉で説明してみよう。

---

# 2　ロシア革命

[テーマ]　ソヴィエト政府はなぜ攻撃されたのだろうか

**a．ロシア革命の推移**

1917年3月　輸入の途絶、軍事優先の生産によって困窮する首都住民によるストライキが革命に発展（二月革命）

　　　　　　→労働者や兵士の評議会である（⑰　　　　　　　　　）が地域の政治を掌握し、帝政が崩壊

　　　4月　臨時政府は第一次世界大戦への派兵を続けたため、（⑰）や即時停戦を求める大衆と対立

　　　　　　→（⑱　　　　　　　　）が率いる（⑲　　　　　　　　　　）が支持を集める

　　　11月　（⑲）が臨時政府打倒、史上初の共産主義政権であるソヴィエト政府を樹立（十月革命）

　　　　　　「土地についての布告」・「平和についての布告」発布

**b．社会主義国家の建設**

1918年1月　選挙で敗北したため議会を解散…（⑲）による一党独裁を確立

　　　3月　ブレスト＝リトフスク条約を結び、ドイツと単独講和

　　　　　　ソヴィエト政府と、ロシアへ侵攻した連合国が交戦（対ソ干渉戦争）

　　　　　　→日本による（⑳　　　　　　　　　）

1922年12月　国内外の反共産主義勢力を撃退し、（㉑　　　　　　　　　　　　　　　　）建国

　　　　　　こののち（㉒　　　　　　　　　）が、五か年計画を主導

　　　　　　→世界恐慌の影響を受けずに経済成長…国際社会からの評価が改善

[まとめ]　学習した知識と教科書等を参考に、単元のテーマを自分の言葉で説明してみよう。

# 3 国際連盟の誕生

テーマ　国際連盟は平和を維持できたのだろうか

## a．ヴェルサイユ体制

・ヴェルサイユ体制とは：

ドイツへ軍と領土の縮小・賠償金支払いを義務付けた講和条約である（㉓　　　　　　　）

を中心として、1919年に開かれた（㉔　　　　　　　　　）を通じて形成された（㉕

　　　　）を重視する国際秩序

・理念：アメリカ大統領（㉖　　　　　　　　）が提案した「（㉗　　　　　　　）」

＋対独報復

・目的：ドイツの弱体化、ソ連の封じ込め

民族ごとに体制を決められる（㉘　　　　　　　　）の原則が、東ヨーロッパで実現

→独立を許されない植民地、戦勝国扱いされなかったイタリアなどに不満が残る

常設の国際平和機構である（㉙　　　　　　　　）を創設

## b．国際連盟

・特徴：全加盟国が条約を結び、侵略国を全体で制裁する（㉚　　　　　　　　　）を採用

自立できないと判断された地域を保護名目で（㉛　　　　　　　　）とする…事実上の植民

地

・課題：米の不参加、独・ソの排除等による大国不在→←常任理事国である英仏日伊が主導

侵略国の懲罰方法が経済制裁しかなく、紛争解決能力が弱い

## c．アメリカの台頭

・孤立主義により国際連盟への不参加…モンロー主義に反していたので議会が反対

・国際協調…（㉜　　　　　　　　）会議を主催、東アジア・太平洋の国際秩序である（㉜）体制を

形成

目的：日本の中国進出抑制、各国の支出削減のための軍縮

成果：太平洋の侵略行為を禁止する四か国条約（米英仏日）を締結

→日英同盟破棄

中国の植民地化を進めないと約束　→日本は二十一か条要求の大半を放棄

主力艦の保有量を制限（米5：英5：日3：仏1.67：伊1.67）

・賠償問題への関与…ドイツは賠償金を払えず、隣国との関係悪化やハイパーインフレ

→アメリカがドイツへ資金を貸し、ドイツが戦後復興と賠償金支払いを行い、英仏がアメリカに

大戦中の借金を返済する、国際的な資金の流れが成立

まとめ　学習した知識と教科書等を参考に、単元のテーマを自分の言葉で説明してみよう。

# 4 アジア民族主義の台頭

**テーマ** アジア各地の民族運動は、どのような方法で自立を目指したのか

## a．背景

- 第一次世界大戦 → ・ウィルソンの十四か条 →（㉝　　　　　　　）概念の提唱
  
  　パリ講和会議での反対、国際連盟下ではヨーロッパにのみ適用
  
  ・アジアでの工業製品生産の拡大 →アジア各地の経済成長

- 第一次世界大戦が、アジア諸地域での民族運動が活発化するきっかけになる

## b．東アジアの民族運動

（㉝）概念のパリ講和会議での反対、日本の侵略に対する不満によって起こる

- 朝鮮：（㉞　　　　　　　　　　）…アメリカでの（㉝）概念の提唱を受けて、ソウルで日本から
  の独立宣言、万歳三唱 ←武力弾圧

- 中国：（㉟　　　　　　　　）…パリ講和会議で、日本の山東半島権益が承認されたことへの反発
  
  →（㊱　　　　　　）による中国国民党結成へつながる

## c．インド、東南アジア、西アジアの民族運動

(1)インド：第一次世界大戦中、イギリスは戦争協力と引き換えに、戦後のインド自治を約束

　→インドは兵員・物資を提供するが、イギリスは戦後になっても約束を不履行、反英運動を弾圧

　（例）ローラット法、アムリットサール事件

　→（㊲　　　　　　　　　）による（㊳　　　　　　　　　　　　）

　→運動は一時停滞するもののネルーの指導で再び活性化 （例）塩の行進

　→イギリスは、英印円卓会議を開催…インド統治法で各州の自治が認められるに留まる

(2)パレスチナ：イギリスによる秘密外交の影響

　→イギリスは、

　　┌・パレスチナにおけるユダヤ人国家の建設を約束（バルフォア宣言）

　　│・アラブ王国樹立と引き換えに反乱を促す（フセイン・マクマホン書簡）

　　└・フランスとはイラク、シリアを植民地として分割する（サイクス・ピコ協定）

　→現代における「パレスチナ問題」へのつながり

(3)東南アジア・西アジア：宗主国からの独立を目指す運動が展開

- インドネシア：インドネシア国民党の（㊴　　　　　　　　）が独立運動の中核を担う

- ベトナム：（㊵　　　　　　　　　　　）がインドシナ共産党を結成し、労働者や農民が支持

- トルコ：オスマン帝国として第一次世界大戦に参戦し、敗戦。列強の進出を受けるも
  
  　（㊶　　　　　　　　　　　　　）が抵抗運動、トルコ革命を実施 →トルコ共和国が成立
  
  　→憲法の成立、政教分離、女性参政権の獲得など改革が進む

**まとめ** 学習した知識と教科書等を参考に、単元のテーマを自分の言葉で説明してみよう。

# 1 第一次世界大戦と人々の動員について、関連する問いに答えよう

資料 1 　植民地（インド）からの徴兵

資料 2 　フランスで作成されたポスター

問1 　資料 1 、 2 から、第一次世界大戦の規模と動員数がそれまでと比べて圧倒的に大きくなった理由を説明しよう。

問2 　資料 1 、 2 の人々は、なぜ戦争に協力したと思うか、当時の状況をふまえて考えよう。

# 2 日本の経済成長について、関連する問いに答えよう

資料 3 　日本の生糸輸出高

(単位　円)

| 年 | イギリス | フランス | アメリカ | インド | 合計 |
|---|---|---|---|---|---|
| 1915（大正4） | 805,247 | 20,400,706 | 127,349,115 | 25,729 | 152,030,518 |
| 1916（ 〃 5） | 2,019,689 | 31,685,623 | 224,092,974 | 165,175 | 267,036,616 |
| 1917（ 〃 6） | 7,242,976 | 35,074,198 | 306,170,369 | 136,044 | 355,155,034 |
| 1918（ 〃 7） | 7,294,991 | 41,600,766 | 318,673,458 | 472,453 | 370,337,055 |
| 1919（ 〃 8） | 3,326,026 | 17,157,235 | 600,843,237 | 1,103 | 623,618,507 |

（『蚕糸統計年鑑昭和5年版』）

資料 4 　第一次世界大戦中の日本で発行された経済雑誌の記事

　戦乱発生以来、我は独墺品に代わりて東洋諸邦に販路を奪ひ、更にシナ大陸より独逸の勢力を駆逐し、俄かに我が財的活動の範囲を拡大したるが、近時露国との提携益々固きを加へ、軍需品の注文続出して、我国の官民之が製造に忙殺さるるの有様なり。

（「ダイヤモンド」1916年2月号）

資料 5　第一次世界大戦中のインド経済について述べた文章

　戦時期においては、一方でインド貿易黒字が拡大しながら、他方でそれに対する従来の民間ベースでの決済手段が決定的に不足することになった。すなわち「インドは他国に支払の延滞を積み上げていったのであり、また（インドに対する）債務者も、輸出品に対する支払の一部として通常のように貴金属を送ることができなかったのである」。

(今田秀作「第一次世界大戦期インドの通貨危機と「銀の足枷」」『経済理論』381、2015年)

問 3　日本が第一次世界大戦期に経済成長を遂げた要因は何か、資料 3 ～ 5 から読み解こう。


# 3　社会主義国ソ連について、関連する問いに答えよう

資料 6　マルクス、エンゲルス『共産党宣言』（1848年）

　共産主義の特徴とするところは、一般財産の廃絶ではなく、ただブルジョア（資本家のこと）財産の廃絶である。しかし近世ブルジョアの私有財産は、階級反目の上に立ち、少数者による多数者の搾取の上に立つところの、生産および生産物領有方法……である。この意味において、共産主義者はその理論を一言に約することができる。曰く、私有財産の廃絶。

　共産党……の目的は、一切従来の社会組織を強力的に転覆することによってのみ達せられる。支配階級をして共産主義革命の前に戦慄せしめよ。


資料 7　日本で制定された治安維持法（1925年）

第一条　国体を変革しまたは私有財産制度を否認することを目的として結社を組織しまたは事情を知りながらこれに加入した者は十年以下の懲役または禁固に処する


問 4　資料 6 、7 を参考に資本主義諸国が共産主義国ソ連を容認せず干渉戦争を起こした理由を述べよう。


# 4　国際連盟について、関連する問いに答えよう

資料 8　国際連盟規約

（目的）締約国は戦争に訴えざるの義務を受諾し、……各国間の平和安寧を完成せむがため、ここに国際連盟規約を協定す。

8条1項　連盟国は、平和維持のためにはその軍備を国の安全……に支障なき最低限度まで縮小するの

必要あることを承認す。

16条1項　戦争に訴えたる連盟国は、当然他の総ての連盟国に対し戦争行為を為したるものと看做す。他の総ての連盟国は、之に対し直ちに一切の通商上又は金融上の関係を断絶し、自国民と違約国国民との一切の交通を禁止し……

22条1項　未だ自立し得ざる人民の居住するものに対しては、その人民の福祉及び発達を計るは、文明の神聖なる使命なる……

6項　西南アフリカ及びある南太平洋諸島の如き地域は……受任国領土の構成部分としてその国法の下に施政を行うを以って最善とす……

（データベース「世界と日本」）

[資料]9　国際連合憲章

1条　平和に対する脅威の防止及び除去と侵略行為その他の平和の破壊の鎮圧とのため有効な集団的措置をとること……

41条　安全保障理事会は、その決定を実施するために、兵力の使用を伴わないいかなる措置を使用すべきかを決定する……経済関係及び鉄道、航海、航空、郵便、電信、無線通信その他の運輸通信の手段の全部又は一部の中断並びに外交関係の断絶を含むことができる。

42条　安全保障理事会は……必要な空軍、海軍又は陸軍の行動をとることができる。

76条　信託統治制度の基本目的は……自治又は独立に向っての住民の漸進的発達を促進すること。

（ウェブページ「国際連合広報センター」）

問5　[資料]8、9を参考に国際連盟と国際連合の共通点と相違点をそれぞれあげよう。

共通点

_____

相違点

_____

問6　[資料]8、9及び学習した史実を参考に、国際連盟のルールは世界平和を維持するのに十分であったと思うか、自分の考えを根拠を明らかにして述べよう。

_____

_____

# 5　アジアの民族運動について、関連する問いに答えよう

[資料]10　マッケンジー『義兵闘争から三一独立運動へ』（ロンドンタイムス主筆のレポート）

この運動は示威運動であって、暴動ではなかった。その最初の日からずっとのちまで —— 日本人が民衆を憤激させるようなことがあっても —— 暴力沙汰はなかった。全国各地に散在している日本人は傷一つうけることはなく、日本人の商店も無事であった。警察が襲ってきても、長老たちは民衆にだまって従うように、反抗しないようにと指示した。

資料 11 『原敬日記（首相時代編）』
一部不逞の輩が暴行して民衆が不安になっているので、民衆保護のために六大隊と補助の憲兵隊四百名を増派するの趣旨に変え、閣僚異議なしにより、このように訂正して発表した。

問7　資料 10、11が描いている運動は、イギリスから見たときと日本から見たときでは、どのように内容が異なると言えるか、資料を比較して答えよう。

_____

_____

_____


資料 12 『北京デーリー・ニュース』（1919年4月5日）
私たちからみると、その原因はむしろ日本人の足元にあるのではないかと信じている。彼ら鮮人はその要望したものを広く世界に知らせようと、採った手段が穏健なものであるにも関わらず、日本の官憲はこれに対して一か月にわたる過度の圧迫を加えたのは、甚だ稚拙な手段であり、あたかも蓋をするだけで蒸気の噴出を抑えようとしているに過ぎない。……日本人がこのような手段をもって鮮人を懐柔しようとするのが、大きな誤りであることを自覚するのはいつになるのだろうか。

資料 13 『国民新聞』（1919年3月7日）
何も政治的な自覚を有しない無力で温順な彼ら鮮人があたかも文明国の立憲運動にも等しい、比較的統一的で、静粛な示威運動を行うことができたことに不信感を抱くと同時に、その裏側には何者かの手が動いているのではないかと考えざるを得ない。こうした運動が起こるまでの過程に、アメリカ人を中心とする朝鮮在住の宣教師キリスト教徒の輩が用意周到な手段を用いたに違いない。

問8　資料 12、13をもとに、三・一独立運動の発生要因を中国と日本ではどのように分析しているか、それぞれ答えなさい。

中国

_____

_____

_____

日本

_____

_____

_____

# 2 大衆の登場

◆単元をつらぬく問い

「大衆」とは何か、「大衆」の登場は政治や文化にどのような影響を与えたのか

史実の確認

## 1 世界史上の民衆運動

テーマ　第一次世界大戦後、「大衆」の政治参加はどのように実現していったのか

・（①　　　　　　　）…社会の大部分を占める存在　→戦前は「男性」に限定

・第一次世界大戦の影響…（②　　　　　　　）体制　→女性の社会進出をうながす

　→諸外国の影響を受け、民主政治の流れが日本にも波及

### a．イギリス

・選挙法改正：第4回（1918年）…21歳以上の男子、30歳以上の女子に選挙権を認める

　　　　　　　第5回（1928年）…21歳以上の男女に平等な選挙権

　　　　　　　　　　　　　　＝完全な（③　　　　　　　）制の確立

　→（④　　　　　　　）党内閣の成立…選挙法改正と大戦後の不況の影響

### b．ドイツ

・「ヴァイマル共和国」：戦間期ドイツの通称、ブルジョワ民主主義政体

・（⑤　　　　　　　　　　）を制定…当時最も「民主的」であるとして高く評価される

　特色　⑴連邦制の共和国：18の州（ラント）で構成

　　　　⑵男女同権の普通選挙制

　　　　⑶労働者の（⑥　　　　　　）権、（⑦　　　　　　　）権を認める

### c．イタリア

・社会主義運動の高まり…失敗

　→（⑧　　　　　　　　　）の台頭…独裁権力のもと、国民の権利や自由が制限され、国家の利益を
　　　　　　　　　　　　　　　　　実現

　（⑨　　　　　　　　　　）がファシスト党を創設（1919年）、（⑩　　　　　　）主義を標榜

### d．ソ連：労働者による政権の登場

・「ソ連」の成立…「ソヴィエト社会主義共和国連邦」の樹立を宣言（1922年）

　→労働者階級による政権。世界の労働運動を刺激するきっかけになる

まとめ　学習した知識と教科書等を参考に、単元のテーマを自分の言葉で説明してみよう。

_____

_____

_____

## 2 大正デモクラシーと大衆の政治参加

テーマ　日本で「大衆」の政治参加はどのように実現していったのか

・（⑪　　　　　　　　　　　　）…大正期の日本で、アメリカの影響やソ連の登場を受けて広がった
自由主義的、民主主義的な動き

### a．日本における「大衆」の登場

・（⑫　　　　　　　　　）事件…ポーツマス条約で賠償金が取れないことへの不満

→多くの「国民」が参加した最初の暴動＝「大衆」の出現

・（⑬　　　　　　　　　）…「閥族打破」「憲政擁護」がテーマ、桂太郎内閣の退陣を求める

→桂内閣の退陣（＝大正政変）…民衆運動による最初の政権交代

→（⑭　　　　　　　）を結成し、民衆の声をくみ取る動きの加速　（例）立憲同志会の成立

### b．日本における第一次世界大戦の影響

・大隈重信内閣の登場…国民に人気の政治家を起用　→「大衆」への政治的配慮

・第一次世界大戦…日本は参戦

・寺内正毅が組閣　→対ソ干渉戦争である（⑮　　　　　　　　　　）を決定

→米価高騰による（⑯　　　　　　　　）…運動は全国、アジアへも波及　→寺内内閣退陣

→初の本格的（⑰　　　　　　　）である原敬内閣の登場

┌ ・小選挙区制の導入、納税資格の引き下げによる有権者の増加
└ ・積極政策…地方での高等教育の充実など

### c．普通選挙運動と治安維持法

・（⑱　　　　　　　　　）…非政党内閣である清浦奎吾内閣の登場がきっかけ

スローガン：「普選断行」「行政整理」「貴族院・枢密院改革」

→清浦は選挙で敗北、退陣　→護憲三派である加藤高明内閣の登場

### d．加藤高明内閣

・日ソ基本条約（1925年）…ソ連の成立を受けて、日ソの国交樹立

・（⑲　　　　　　　　）公布（1925年）…（⑳　　　　　　　）主義運動の取り締まり

・普通選挙法（1925年）…衆議院議員選挙法の改正

→納税資格制限を撤廃、25歳以上の男子に選挙権、30歳以上の男子に被選挙権

＝「大衆」の範囲は拡大したものの、一方ではそれが制限される結果となった

まとめ　学習した知識と教科書等を参考に、単元のテーマを自分の言葉で説明してみよう。

## 3 女性の社会進出

テーマ 「大衆」はどのような人を含んでいったのか

・大日本帝国憲法…主権者は天皇。その中で民主主義を求める動き

    →日本では男性に限定されていた「大衆」の範囲が徐々に拡大

**a．大衆の政治参加を支えた考え方**

・（㉑          ）：（㉒          ）の提唱

    …主権者が天皇である日本の中でのデモクラシーを論じる

・美濃部達吉（東京帝国大学教授）：天皇機関説の提唱

**b．「大衆」の範囲に加わっていく人々**

・（㉓          ）運動…「良妻賢母」という女性像に対する疑問、女性の主体性を主張

    →（㉔          ）らを中心に青鞜社の結成…雑誌『（㉕        ）』（1911年）

・第一次世界大戦後のアメリカやイギリスの女性参政権獲得の流れを受け、（㉖        ）を

  中心に（㉗        ）の結成（1920年）

    …治安警察法の第5条改正を求める　→1922年、2項の「女子及び」の部分は削除

      →のちに婦人参政権獲得期成同盟会へ

・労働運動、農民運動

    ┌・労働運動…（㉘        ）（1912年、鈴木文治らが組織）

    │・農民運動…主として、地主と小作農の対立（小作争議）

    └　→（㉙        ）（1922年、杉山元治郎や賀川豊彦らが設立）

・社会主義運動

    →日本共産党結成（1922年）…ロシア革命の影響。堺利彦、山川均らが非合法で

・反差別意識

    ┌・部落解放運動…（㉚        ）の結成（1922年）

    │　　　　「人の世に熱あれ、人間に光あれ」

    └・アイヌ民族における動き…差別に対する争議活動、言論活動の活発化

まとめ 学習した知識と教科書等を参考に、単元のテーマを自分の言葉で説明してみよう。

# 4 大衆社会の形成

**テーマ** アメリカの繁栄はなぜもたらされたのか、それが日本に与えた影響は何か

a．**アメリカ合衆国**：第一次世界大戦中、連合国に物資・戦費を提供。最大の債権国に

　・外交

　　⑴孤立主義外交：ヨーロッパや国際政治への関与を避ける　→（㉛　　　　　　　　　）へ非加盟

　　⑵移民の排斥…黄禍論の世界的な広まりに伴い、アジア系移民を制限

　　　→（㉜　　　　　　　　）成立（1924年）：アジア系移民の全面禁止

　・内政…「黄金の20年代」：共和党の大統領が３代連続。空前の繁栄

　　⑴民主主義の進展…婦人参政権が実現（1920年）

　　⑵禁酒法（1919〜33年）…密造酒が横行し、マフィアの資金源に

　　⑶現代（㉝　　　　　　　　　　）社会の成立　→アメリカ的生活様式の確立へつながる

　　　…自動車（Ｔ型フォード）、家庭電化製品、ラジオなどが普及

　　　　ジャズやタンゴの流行、スポーツの隆盛

b．**日本における大衆文化の形成**

　・アメリカの影響…大衆社会が形成される中で、大衆が文化の中心に

　　→共通した生活様式、メディアの影響が広く浸透。平準化・均一化＝（㉞　　　　　　　　）

　・都市空間：関東大震災以後、新しい都市計画

　　┌・鉄筋コンクリート建てのビル、和洋折衷の文化住宅が流行

　　│・食生活の洋風化、服装の洋風化　→洋装で断髪の（㉟　　　　　　）、モボの登場

　　└・ホワイトカラー、女性はタイピストなど（㊱　　　　　　　　）として進出

　　　→消費の増加、「文化生活」への憧れ　（例）「今日は帝劇、明日は三越」

　・メディアの発達

　　┌・大衆向け雑誌…大衆娯楽誌『（㊲　　　　　　　　）』の登場

　　│・１冊１円の円本

　　└・映画…1920年代以降普及、30年代にはトーキー（発声）映画が普及

　・（㊳　　　　　　　）放送…1925年開始。1926年には日本放送協会（NHK）設立

　　→新たな空間の時間把握、多くの人々が一挙に作品に接する＝「大衆」の浮上

　　→大衆社会・大衆文化の形成

**まとめ** 学習した知識と教科書等を参考に、単元のテーマを自分の言葉で説明してみよう。

# 1 普通選挙

資料 1　各国の男性普通選挙が認められた年

| 年 | 国　名 |
|---|---|
| 1792 | フランス |
| 1870 | アメリカ合衆国 |
| 1874 | スイス |
| 1890 | スペイン |
| 1893 | ベルギー |
| 1896 | ノルウェー |
| 1907 | オーストリア |
| 1918 | イタリア、ドイツ、イギリス |
| 1925 | 日本 |

資料 2　各国の女性普通選挙が認められた年

| 年 | 国　名 |
|---|---|
| 1893 | ニュージーランド |
| 1917 | ロシア（ソビエト政府） |
| 1918 | カナダ、ドイツ、イギリス |
| 1919 | オーストリア、オランダ、ポーランド、スウェーデン |
| 1920 | アメリカ合衆国 |
| 1934 | トルコ |
| 1944 | フランス |
| 1945 | イタリア、日本 |
| 1948 | 韓国 |

資料 3　「女性の動員」とそれに関する解説文

バイスタンダー誌の女志願兵を諷（ふう）したる戯画にして「正面を向け」と題せるもの。蓋（けだし）、彼等の呉服屋の前を過ぐるや、期せずして皆店頭を横目に睨めて中々目を離さざる様を示せるなり。

（『欧州戦争実記』第20号、博文館、1915年）

資料 4　「戦時における婦人の事業」

宣戦が布告（ら）されるや英国の婦人等は、時局に処する彼等の第一の本分は国家の資力を増す為（ため）に出来る限り、実際的方面に働く事にあると自覚した。今日は実際の努力献身を要する時であって、開戦の理由に就て徒（つい）らに論議（いたず）している時ではない。婦人等が其（その）最も進歩した知識と経験とを利用して、国家の活動力を支持する為に全力を尽すべき時である。

（小林啓治『総力戦とデモクラシー』吉川弘文館、2008年）

問 1　第一次世界大戦は、選挙権にどのような影響を与えたのか、資料 1 ～ 4 を根拠に述べよう。

_____

_____

_____

## 2 日本における普通選挙

資料 5 『原敬日記』

漸次に選挙権を拡張する事は何等異議なき処にして、又他年国情ここに至れば所謂普通選挙も左まで憂ふべきにも非らざれども、階級制度打破と云ふが如き現在の社会組織に向て打撃を試んとする趣旨より納税資格を撤廃すと云うが如きは実に危険極る次第にて、此の民衆の強要に因り現代組織を破壊する様の勢を作らば実に国家の基礎を危ふするものなれば、寧ろ此際議会を解散して政界の一新を計るの外なきかと思ふ

（『日本史史料［4］近代』岩波書店、1997年）

資料 6 駐日フランス大使が本国の外務大臣に送った外交書簡
**国内問題・陸軍の縮小・普通選挙・ボルシェビズムの弾圧**（1922年2月28日）

……この世論は多様な人々からつくられています。まずは知識人、教師そして学生です。この人たちはものの見方や充分な知識は備えているのですが、行政の埒外にいます。彼らは行政を評価する能力はもっていますが、行政に直接参加する手段はもっていません。第二に、引退した、あるいは現役の〈官僚〉がいます。この人たちは行政の下部組織に属し、重要な決定を下す上層部の枠からははずされています。現在の野党、とくに国民党のメンバーはこうした〈官僚〉のなかから集められているのです。その党首である犬養（毅）氏は、政府を攻撃しながら内閣の外交調査会に属し、そのために多大の手当を受けとっています。第三に、商人、技術者、大小さまざまの企業家がいます。最後に労働者たちも加えねばなりません。……

　今日最も熱烈に議論されている第二の問題は、選挙権拡大の問題です。閣下がご存じのとおり、日本は現在選挙資格者を一定額の税金を納めている者に限定する制度をとっています。とはいえ、有権者になるには最低（　①　）円の税金を払っていさえすればよく、それは八百円の年収に相当します。このように低い納税額では、有権者から除外されるのはごくわずかにちがいありません。しなしながら多数の、とくに労働者が除かれさえすればよいのだと思われます。……

（ポール・クローデル、奈良道子訳『孤独な帝国　日本の一九二〇年代』草思社文庫、2018年〔初出1999年〕）

問2　資料6の①に当てはまる数字を答えよう。　（　　　　　）

問3　「世論」はどのような人で構成されているか、資料5、6であげられているものをすべて答えよう。

_____

_____


問4　日本では納税資格を撤廃した男性普通選挙が1925年に導入されている。なぜ日本では男性普通選挙の導入が遅れたのか、資料5、6と「ソ連」誕生（1922年）をふまえて答えよう。

_____

_____

## 3 女性の社会進出

**資料 7　各時代の女性の様子**

図1　「家の光」（1860年）

図2　流行の服装の勤労女性
（第一次世界大戦中）

図3　車から降りるフラッパー（1920年代）

**資料 8　1920年代のアメリカの女性に対する描写**

流行の変化 ―― 短いスカート、ボーイッシュな姿態、細身でロー・ウェストのドレス、化粧品の思いきった使いかた ―― などは、アメリカ女性の理想像がほんとうに変わったことを表している（同時に、それは女性の好みに関する男性の理想の変化かもしれない）。女性たちは、自由 ―― いままで彼女たちを非活動的な生活に縛りつけてきた拘束から離れて、働いたり遊んだりする自由 ―― のことばかり考えていた。だが、彼女たちが求めていたものは、初期の婦選論者が麦わら帽をかぶり、黒っぽいスーツを着、踵（かかと）の低い靴をはいてやったような男性および男性の要求からの自由ではなかった。一九二〇年代の女性は、ゴルフ場や事務所にいるときでさえも、男をうっとりさせたいと願っていた。週末になると髪を切り、簡単な小さな帽子をかぶり、ニッカーボッカーをはくフラッパーな小娘も、絹の靴下とハイヒールを手放そうとはしなかった。戦後女性の理想は、豊かな成熟や、老練な知恵や、修練をつんだ優雅さではなかった。

（F.L. アレン、藤久ミネ訳『オンリー・イエスタデイ』ちくま文庫、1993年）

**問5**　フランスのファッションデザイナーで、女性の社会進出とともに、シンプルで動きやすい 資料 7 の図3のような服装をデザインした人物を答えなさい。　　　（　　　　　　　　　　）

**問6**　女性の理想像は、時代が変わると同時にどのように変化していっただろうか。資料 7 、8 を参考に述べよう。

# 4 マスメディアと大衆社会

**資料9 新聞・雑誌・ラジオの普及率**

（1938年の大阪府布施市［現東大阪市］での調査）

| | 新聞(%) | 雑誌(%) | ラジオ(%) | 各集団世帯数 |
|---|---|---|---|---|
| 第1集団 | 94.4 | 63.7 | 84.7 | 124 ( 1.4) |
| 第2集団 | 90.7 | 55.9 | 71.4 | 1338 ( 14.6) |
| 第3集団 | 86.8 | 43.6 | 58.4 | 3261 ( 35.6) |
| 第4集団 | 76.1 | 35.8 | 39.3 | 2664 ( 29.1) |
| 第5集団 | 53.6 | 18.3 | 22.9 | 1764 ( 19.3) |
| 計 | 77.9 | 36.8 | 48.2 | 9151 (100.0) |

（『岩波講座 日本歴史 第17巻 近現代3』岩波書店、2014年）

この調査では、各住居における1人当たりの畳数によって世帯の「生活程度」を5段階に区分している。「第1集団は1人当たり住居畳数10畳以上、「第5集団」は1人当たり2畳未満の世帯とし、「第3集団」（1人当たり3畳以上5畳未満）を「正常住居」としている。

**資料10 カルピスの新聞広告**

（1923、36年）

**問7** 大衆化の時代（大正〜昭和初め）は、現在でも有名な「カルピス」や「ミルクキャラメル」の人気が出た時代でもある。その理由の1つを、資料9、10をふまえて答えよう。

**資料11 室伏高信「ラジオ文明の原理」**

（『改造』第7巻第7号、1925年）

ラヂオ文明とわれわれが呼びなすべきところの時代がきた。……有線は個人的である。無線は集団的である。前者は個人主義を代表し、後者はコレクチビズムを代表する。前者は相互的である。後者は命令的である。前者は自由である。後者は独裁である。……ナポレオンと雖もその号令の及ぶところは数十万の兵士であつたのに対して、ラジオ放送局の壇上に立つものは今や世界を彼の聴手として立つことが可能なのである。Elite の時代がきたのである。少数の選まれたるものが笛吹き、民衆の駄馬が踊るのである。

（『日本史史料［4］近代』岩波書店、1997年）

**資料12 「全ドイツ国民が受信機で総統が語るのを聞く」**（1936年のポスター）

**問8** ラジオの登場は世界に何をもたらしたのか、資料11、12を参考に、自由に答えよう。

# 3 ファシズムの台頭

◆単元をつらぬく問い

国際協調体制が動揺した背景と、大衆が国家利益を第一とするファシズムに熱狂した理由は何か

 史実の確認

## 1 世界恐慌

テーマ 世界恐慌に対して各国はどのような対応をとったのだろうか

**a．世界恐慌**

・1929年、ニューヨーク株式市場で株価が大暴落　→（①　　　　　　　　）へ

　背景：農業不況により購買力低下、第一次世界大戦後のアメリカへの資金集中

　→投資資金の回収　→恐慌が世界各地へ波及（※1932年までに世界の工業生産は半減）

**b．各国の対応**

・アメリカ

　政府による市場経済への積極的介入…（②　　　　　　　　　　　）と呼ばれる政策

　ラテンアメリカ諸国に対する善隣外交…ドル経済圏に組み込み、ドル＝ブロックの形成

・イギリス、フランス

　スターリング＝ブロック（イギリス）、フラン＝ブロック（フランス）の形成

・ソ連

　五か年計画下での計画経済によって工業生産増大

　　→（③　　　　　　　　　）の独裁体制強まる

・ドイツ、イタリア

　経済ブロック形成を目指す　→膨張侵略政策へ

・日本

　積極財政への転換…軍事や農村への財政支出

　（④　　　　　　　　　）への移行…<u>円安状態で輸出が有利に</u>

　　　　　　　　　　　　　　↓

　　　　　ブロック経済に阻まれる　→膨張侵略政策へ

まとめ 学習した知識と教科書等を参考に、単元のテーマを自分の言葉で説明してみよう。

# 2 ファシズムの伸長

テーマ ファシズムの伸長は国際協調体制にどのような影響を及ぼしたのだろうか

## a. 各国のファシズム

・イタリアのファシズム

　背景：ヴェルサイユ体制に対する不満と社会主義者の運動による経済の停滞

　1925年、ファシスト党一党独裁　→対外的成功によって国民の人気確保を狙う

・ドイツのファシズム

　背景：世界恐慌による国民の生活苦（高い失業率）

　　→共産党や（⑤　　　　　　）に支持が集まる

　1933年、ヒトラー内閣成立＋（⑥　　　　　　　　　　）成立　→一党独裁体制（⑤以外の政党解散）

　"ドイツ民族"の優越性という物語により、国民を統合

## b. 国際協調体制の動揺

・各国の思惑

　ドイツ…ヴェルサイユ体制の打破

　イギリス…反共、反ソ政策

　イタリア…領土膨張政策

　ソ連…ファシズム勢力の伸長阻止　→（⑦　　　　　　　）戦術の提唱

　フランス…ヴェルサイユ体制の維持

・軍事行動と国際連盟の対応

┌ヒトラーによる（⑧　　　　　　　　）（1935年）、（⑨　　　　　　　　　　）（1936年）

│イタリアのエチオピア侵攻

└日本の満州における軍事行動

　　→国際連盟は有効な制裁を行えず

・国際ファシズム陣営の形成

　1937年、（⑩　　　　　　　　　　）の締結

　背景：1936年に結ばれた日独防共協定にイタリアが参加

　　→（⑪　　　　　　　　）をきっかけにドイツとイタリアが接近

## c. 大戦に向けて

・ドイツの領土拡張

　1938年、オーストリア併合、チェコスロヴァキアのズデーテン地方の割譲要求

　　→（⑫　　　　　　　　　　）…イギリス、ドイツ、イタリア、フランスの首脳が会談を行い割
　　譲要求を承認（宥和政策）

　　※チェコスロヴァキアとソ連は会議に招待されず…欧州におけるソ連の孤立

まとめ 学習した知識と教科書等を参考に、単元のテーマを自分の言葉で説明してみよう。

## 3 日本の対外進出

テーマ　大陸進出によって国際社会における日本の立場はどのように変わり、中国ではどのような動きが起こったのだろうか

### a．満州事変

1931年、柳条湖事件　→満州を日本の勢力下に置くために軍事行動を開始＝（⑬　　　　　　　）

　背景：南京国民政府による中国の国権回復運動

1932年、満州国建国　←日本政府は日満議定書で国として承認

　※中国は日本の一連の軍事行動を国際連盟に提訴　→国際連盟によるリットン調査団の派遣

↓

国際連盟総会（満州に自治政府＋日本軍の撤退勧告案を採択）

↓

日本は国際連盟脱退へ

### b．日本国内の動き

・軍国主義化への道

　昭和恐慌による国内の経済危機　→軍部や右翼を中心に対外的膨張＋国家改造を求める声

↓

五・一五事件をきっかけに政党内閣が崩壊

↓

（⑭　　　　　　　　　　　）によって軍部の政治的発言力増大

### c．日中戦争に向けて

・1930年前半の中国

　国共内戦状態　←日本による領土拡大

　→（⑮　　　　　　　　　）…張学良が蒋介石に対して国共内戦の停止

　　　　　　　　　　　　　　＋抗日民族統一戦線結成を要求

・日中戦争

　1937年7月、盧溝橋事件…北京郊外で日中両軍の衝突

　1937年9月、中国で（⑯　　　　　　　　　　　）の成立

　1937年12月、南京陥落

まとめ　学習した知識と教科書等を参考に、単元のテーマを自分の言葉で説明してみよう。

# 4 第二次世界大戦

テーマ　第二次世界大戦はどのように始まり、拡大していったのだろうか

## a．ヨーロッパの動向

・第二次世界大戦の始まり

　1939年 8 月、ソ連がドイツと（⑰　　　　　　　　　　　　　　　）を締結

　　　　　 9 月、ドイツが（⑱　　　　　　　　　　）へ侵攻（ソ連と領土分割）

　　　　　　　→イギリス・フランスがドイツに宣戦布告

　　　　　　　→（⑲　　　　　　　　　　）の開戦

　1940年 5 月、ドイツが西部戦線で電撃戦を開始

　　　　　　　イギリス首相に（⑳　　　　　　　　　　）が就任　→ドイツ軍の上陸を阻止

　　　　　 6 月、ドイツ軍による（㉑　　　　　　）占領、フランス第三共和政の崩壊

　　　　　　　→フランス南部にドイツに協力的な（㉒　　　　　　　　　　）を樹立

　　　　　　　→（㉓　　　　　　　　）がロンドンに亡命政府（自由フランス政府）を樹立

　　　　　　　イタリアが参戦

　　　　　　　→イタリアのバルカン進出を支援したことでドイツとソ連の関係が悪化

　1941年 4 月、ソ連が（㉔　　　　　　　　　　）を締結

・独ソ戦の開始

　1941年 6 月、ドイツが（㉕　　　　　　　）を開始

　　　　　　　→ソ連はイギリス・アメリカと協調してコミンテルンを解散（1943年）

　　　　　 8 月、アメリカとイギリスが（㉖　　　　　　　　　　）（戦後世界の構想）を発表

## b．アジアの動向

・太平洋戦争の始まり

　1940年 9 月、日本が仏領インドシナ北部に進駐

　　　　（㉗　　　　　　　　　　　　）の締結（防共協定の強化）

　1941年 4 月、（㉔）の締結

　　　　　 7 月、日本が仏領インドシナ南部に進駐

　　　　　　　→「ABCD 包囲網」が形成されて日本を圧迫

　　　　　12月、日本がハワイの（㉘　　　　　　　　）を攻撃し、アメリカ・イギリスに宣戦布告

　　　　　　　→（㉙　　　　　　　　）の開戦

・日本の支配

　欧米の植民地だった東南アジアのほぼ全域を支配

　各地に親日政権を樹立し、「（㉚　　　　　　　　　　）」を提唱

　　→資源の収奪や日本文化の強制などにより抵抗運動が勃発

まとめ　学習した知識と教科書等を参考に、単元のテーマを自分の言葉で説明してみよう。

_____

_____

_____

# 1 世界恐慌のころの国際経済

資料 1　**第一次・第二次世界大戦の間のアメリカの国際経済**　（『近代国際経済要覧』東京大学出版会、1981年）

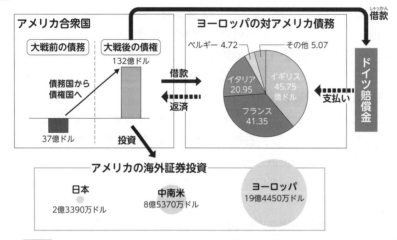

問1　資料 1 を参考に、アメリカの大恐慌が世界に波及したと考えられる要因は何か。

# 2 ナチ党の議席拡大

資料 2　**ナチ党の議席数の推移**　（『世界の歴史16 大戦間時代』筑摩書房、1962年）

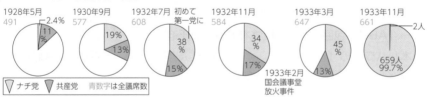

資料 3　**ヨーロッパとアメリカの失業率**

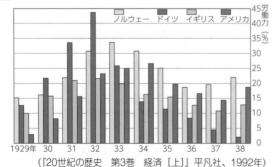

（『20世紀の歴史　第3巻　経済 [上]』平凡社、1992年）

資料 4　**ナチ党による公共事業**

ほとんどすべての女性は、ヒトラーの成功を失業の解決に帰している。職場が地方の指導者たちの発想と努力でつくり出されたことなどはどうでもよかった。ナチズムの反対者のなかにさえ、ヒトラーの人気の源泉を雇用創出計画、街頭からの泥酔者の駆逐、若者の規律づけ、「義務労働」の導入計画、新道路の建設のせいだと回想している。ある貴族の娘は、ナチにまったく好感を抱いていなかった彼女の父親でさえもが、政権の「成果」に強く感銘したと回想している。「父は秩序がもどり、人びとが仕事につき、経済が伸びて、ドイツがふたたびなんらかの敬意を受けるようになったことを喜んでいた」

（ロバート・ジェラテリー、根岸隆夫訳『ヒトラーを支持したドイツ国民』みすず書房、2008年）

問 2　資料 2 ～ 5 を参考に、ナチ党が議席を大きく伸ばした理由を述べよう。

---

# 3　ドイツの対外進出への対応

資料 6　イギリスの宥和的態度

イギリスのチェンバレン首相は対独宥和政策を展開しはじめた。ヒトラーの総統官邸における秘密会議後まもない十一月十九日、チェンバレンはハリファクスをドイツに非公式に派遣して、ヒトラーと会見させた。この会見でハリファクスは、ナチス＝ドイツを共産主義の西進を阻止したとして賞揚し……ここでハリファクスは、ドイツのダンチヒ・オーストリアおよびチェコスロヴァキアに対する領土的関心を必然的として認め、それが平和的方法によって達成されることにのみ関心を持つと語った。

（斉藤孝『戦間期国際政治史』岩波書店、2015年）

問 3　チェンバレンが宥和政策をとった理由を、資料 6 を参考に述べよう。

---

資料 7　平和の凱旋（チェンバレン英首相によるミュンヘン会談から帰国後の演説）

「私の見解では、今回のこの問題の解決は、より大きな問題、すなわち、そこに全欧州が平和を見出す可能性のある問題への序曲にすぎません。今朝、ヒトラー首相ともう一度話し合いました。ここに首相と私が署名した一枚の紙があります。」……「私たちは、これを二度と相互に戦争を行わないとの両国民の願いの象徴と見なします」

（関静雄『MINERVA 西洋史ライブラリー⑫ ミュンヘン会談への道』ミネルヴァ書房、2017年）

資料 8　笑顔の新聞売り

問 4　資料 7 、8 を見て、イギリス国民は宥和政策をどのように評価したのか述べよう。

# 4 日本の対外進出への対応

### 資料 9 　ドイツと日本の同盟関係

ファシズム陣営について見れば、日独防共協定の存在にもかかわらず、日本とドイツとの間には対外政策上の一致は得られなかった。それまでドイツは蔣介石を支持しており、ドイツ外務省は、日本の行動は中国における共産主義を育成し、中国をソ連邦の側に追いやるものであると判断していたのであった。

(斉藤孝『戦間期国際政治史』)

### 資料 10 　日独伊三国同盟

第二条　独逸国及伊太利国は、日本国の大東亜に於ける新秩序建設に関し指導的地位を認め、且之を尊重す

(『日本外交文書』)

問 5 　資料 9 において、ドイツは日本の中国侵略を否定しているが、資料 10においては日本の中国侵略を肯定している。ドイツの対中政策に関する日本の行動評価が変わった歴史的な背景は何か。

### 資料 11 　リットン報告書について

報告書は、満州事変について、日本の満州における軍事行動は自衛手段としては認められず、満州国は住民自らの意志によって自由に成立した国ではないとした。そして、紛争解決の条件として、満州における日本の利益を中国が承認すること、中国の主権の下における満州の状況や特徴に応じた自治を確保することなどをあげた。

### 資料 12 　芳沢謙吉（国際連盟日本代表）の電報

支那の国権回復運動殊にボイコット其の他の直接行動に関し、列国が従来甚だしく悩まされ、現に施肇基〈国際連盟中国全権代表〉が支那政府の訓令に依り条約上の権利義務尊重に関する態度を表現するや、英仏等に於ては之を以て予期せざりし貴重なる副産物となし、日本側が此機に乗じ局面展開を行ひ、列強と共に支那に於ける既得の権益確保に乗り出さんことを要望し居れるやの趣にもあり、若し帝国政府に於て此列強共同の希望を後楯として支那側を追求すれば、我立場は甚しく優勢となるべく……

(臼井勝美『満州事変 戦争と外交と』講談社学術文庫、2020年)

### 資料 13 　松岡洋右の発言

「満蒙は日本の生命線」とは、1931年の国会において、当時政友会（野党）の議員でのちの外相松岡洋右が初めて唱え、世に広まったスローガンである。

問 6 　資料 11で述べられているリットン報告書について、次の問いに答えよう。

(1)日本に妥協したと考えられる部分を資料 11から抜き出そう。

(2)リットン報告書ではなぜ日本に妥協的な姿勢をとったのだろうか。

問7　なぜ日本はリットン報告書に反対したのだろうか、資料12、13をふまえ、「生命線」が何を意味するのかを明確にして述べよう。

## 5　ファシズムと大衆

資料14　**大衆からの支持**

　ヒトラーは、彼に魅了された数百万人の民衆に対して、自分だけが党とともに、現下の苦悩を終わらせ、ドイツを偉大にできるただひとりの人物であると断言した。ヒトラーの未来像はすべてのドイツ人 —— ただし「人種的に健全」である限り —— に大いなる恩恵を約束するものであった。その反面、ドイツ民族を抑圧する「有害者」は放逐され、根絶されなければならないと主張したのである。

（イアン・カーショー、石田勇治訳『ヒトラー　権力の本質《新装版》』白水社、2009年）

資料15　**ナチ党綱領25か条**

２．われわれは、他国民に対するドイツ民族の平等権を要求し、ヴェルサイユおよびサン＝ジェルマン平和条約の破棄を要求する。

３．われわれは、わが国民を養い、過剰人口を移住せしめるために、土地および領土（植民地）を要求する。

４．ドイツ民族同胞たるもののみが、ドイツ国公民たりうる。ドイツ人の血統をもつもののみが、宗派のいかんを問わず、ドイツ民族同胞たりうる。したがってすべてのユダヤ人は民族同胞たりえない。

（『世界史資料』東京法令、1977年）

問8　資料14、15と、この単元で学習したことをもとに、大衆がファシズムに熱狂した理由を述べよう。

# 4 第二次世界大戦後の国際秩序と日本の独立

◆単元をつらぬく問い

戦後の国際秩序はどのようなもので、アジア諸国や日本にどのような影響があったか

史実の確認

## 1 第二次世界大戦の展開

テーマ　第二次世界大戦はどのような過程で終結に向かったのか

### a．ドイツ・イタリアの敗北

1943年、（①　　　　　　　　　　　　　　）の戦いでドイツ軍がソ連に降伏（ソ連の反攻）

連合国軍がシチリア島に上陸　→ムッソリーニが失脚　→イタリアが無条件降伏

（②　　　　　　　　　　　　）：第2戦線構築に合意

1944年、連合国軍が北フランスの（③　　　　　　　　　　　）に上陸　→パリ解放

1945年、（④　　　　　　　　　）：ドイツ降伏後の占領政策などを協議

ソ連軍がベルリン突入　→ヒトラーが自殺　→ドイツが無条件降伏

### b．日本の敗北

1942年、（⑤　　　　　　　　　　　　）で日本がアメリカ軍に大敗

1943年、（⑥　　　　　　　　　）：日本の無条件降伏・対日処理方針を決定

1944年、（⑦　　　　　　　）陥落　→日本本土への空襲基地となる

1945年、（⑧　　　　　　　　）：ソ連の対日参戦を密約

沖縄戦、ポツダム会談　→（⑨　　　　　　　　　　　）を発表（米・英・中）

広島・長崎への（⑩　　　　　　　）投下、ソ連の対日参戦　→（⑨）受諾

まとめ　学習した知識と教科書等を参考に、単元のテーマを自分の言葉で説明してみよう。

## 2 国際連合と国際経済体制

テーマ　国際連合は国際連盟とどのような点が違うのか

### a．ブレトン＝ウッズ体制

1944年、（⑪　　　　　　　　　　　　　　）開催

…国際通貨体制の確立と為替の安定を図る（⑫　　　　　　　　　　）、戦後復興と経済開発

の資金を供給するための（⑬　　　　　　　　　　　　）を創設

ドルと金の交換比率を固定する（⑭　　　　　　　　　　）を導入

1947年、（⑮　　　　　　　　　　　　　）を締結…自由貿易の拡大を目的

→ブレトン＝ウッズ体制が成立

## b．国際連合の成立

1941年、(⑯　　　　　　　　　　　)：大戦後の世界構想（国際連合憲章の基本理念）

1944年、(⑰　　　　　　　　　　　　　　)：国際連合憲章の原案作成

1945年、(⑱　　　　　　　　　　　　　　)：国際連合憲章が採択　→国際連合が発足

| 名　称 | 国際連盟 | 国際連合 |
|---|---|---|
| 本　部 | ジュネーヴ（スイス） | ニューヨーク（アメリカ） |
| 加盟国 | 原加盟国42か国<br>アメリカは不参加、ソ連は途中加盟（のち除名）、<br>日・独・伊は途中脱退 | 原加盟国51か国<br>安全保障理事会の常任理事国<br>（米・英・仏・ソ・中） |
| 意思決定 | 総会での全会一致主義 | 総会での多数決制<br>安全保障理事会で常任理事国の一致<br>（拒否権あり） |
| その他 | 経済制裁のみで軍事制裁は不可 | 経済制裁に加えて軍事制裁も可 |

(まとめ)　学習した知識と教科書等を参考に、単元のテーマを自分の言葉で説明してみよう。

---

# 3　冷戦の始まりとアジア諸国

(テーマ)　冷戦はアジア諸国にどのような影響を与えたか

## a．冷戦の始まり

1946年、【西】英首相チャーチルが「(⑲　　　　　　　　　　)」演説

1947年、【西】ソ連に対する「封じ込め政策」：(⑳　　　　　　　　　　　　　) を発表

　　　　　→ヨーロッパの経済復興のため (㉑　　　　　　　　　　　　) を発表

　　　　【東】共産党情報局 (㉒　　　　　　　　　) 結成

1949年、【東】経済相互援助会議（COMECON）結成

　　　　【西】(㉓　　　　　　　　　) 結成

1955年、【東】(㉔　　　　　　　　　　) 結成

## b．中華人民共和国の建国

戦後、国共内戦再開　→共産党が勝利　→国民党は台湾で (㉕　　　　　　　) 政府を維持

1949年、(㉖　　　　　　　　　　) の成立：(㉗　　　　　　) 主席・周恩来首相

　　　　→中ソ友好同盟相互援助条約（1950年）…ソ連と連携

## c．南北朝鮮の成立・朝鮮戦争

1948年、北部に (㉘　　　　　　　　　　　　)〔指導者：(㉙　　　　　　　)〕が成立

　　　　南部に (㉚　　　　　　　)〔大統領：(㉛　　　　　　)〕が成立

1950年、(㉜　　　　　　　) 勃発　→米軍を主力とする「国連軍」の派遣　→中国が義勇軍を派遣

　　　　→膠着状態

1953年、北緯38度線上の (㉝　　　　　　　) で休戦協定　→緊張状態続く

## d．分裂するベトナム

1945年、（㉞　　　　　　　　　　）がベトナム民主共和国の独立宣言

1946年、フランスが認めず（㉟　　　　　　　　　）開戦

1954年、ディエンビエンフーの戦いでフランスが敗北　→（㊱　　　　　　　　　　　）締結

1955年、アメリカの支援で南部にベトナム共和国が成立　→ベトナムが南北に分断

まとめ　学習した知識と教科書等を参考に、単元のテーマを自分の言葉で説明してみよう。

---

# 4　戦後改革と日本国憲法の制定

テーマ　GHQ は戦後の日本をどのような国家にしようと考えていたか

## a．連合国の占領政策

・連合国軍最高司令官総司令部（㊲　　　　　　　　　）の指示・勧告による間接統治

　⑴連合国軍最高司令官：（㊳　　　　　　　　　　　）

　⑵沖縄・小笠原諸島などはアメリカ軍の直接的な占領統治

・占領政策の目的

　⑴非軍事化：陸・海軍の解体

　⑵民 主 化：（㊳）の（㊴　　　　　　　　　）による

　　女性への参政権の付与

　　労働組合の育成：（㊵　　　　　　　　）制定（労働組合法・労働基準法・労働関係調整法）

　　教育の民主化：（㊶　　　　　　　　）制定（教育の機会均等、男女共学）

　　　　　　　　　（㊷　　　　　　　　）制定（6・3・3・4制）

　　圧政的な諸制度の廃止：秘密警察の廃止など

　　経済の民主化：（㊸　　　　　　　　）・独占禁止法制定・（㊹　　　　　　　　）で自作農を創設

・「人間宣言」：天皇の神格化否定

・政界・財界での公職追放

・（㊺　　　　　　　　　）：連合国が日本の戦争責任者を裁くための裁判

## b．日本国憲法の制定

・GHQ が憲法改正指示

　　→天皇に統治権を与えた日本政府案を批判　→マッカーサー草案を提示

　　→新たな憲法案をつくり帝国議会で審議・修正

・（㊻　　　　　　　　）：公布（1946年11月）・施行（1947年5月）

・3原則

　⑴（㊼　　　　　　　）：（㊽　　　　　　　　　　）…天皇は政治的な権限をもたない（憲法第1条）

　　　　　　　　　　　　国会が国権の最高機関、議院内閣制を採用

　⑵（㊾　　　　　　　　　　）：自由権・社会権などを規定

　⑶（㊿　　　　　　　）：戦争の放棄・戦力の不保持・交戦権の否認を明記（憲法第9条）

　　　→憲法に基づき、都道府県知事を公選とする（51　　　　　　　　）など多くの法律制定

まとめ 学習した知識と教科書等を参考に、単元のテーマを自分の言葉で説明してみよう。

_____

_____

_____

## 5 日本の独立と冷戦

テーマ 日本の独立が承認された背景には、どのような国際情勢があったのか

### a. 対日占領政策の転換

・背景：冷戦が本格化　→アメリカは日本に西側陣営の一員としての役割を期待

・転換：非軍事化から経済の自立化・政治の安定化へ

⑴経済安定九原則の実施を指令

⑵（52　　　　　　　　　）：超均衡予算の編成・（53　　　　　　　　　）など

　　　→インフレ抑制・物価安定　→不況が深刻化・失業者の増大など社会不安が高まる

・朝鮮戦争が勃発

　　　→日本経済がアメリカ軍の軍需品の調達で活気づく（54　　　　　　　　　）が発生

・GHQ の指令で（55　　　　　　　　　）の創設

・（56　　　　　　　　　）：官公庁・報道機関等から共産党員や同調者を追放

### b. 平和条約の締結、安保条約の成立

・サンフランシスコ講和会議（1951年）：（57　　　　　　　　　）首相

　　→（58　　　　　　　　　　　　　　　）締結で日本が主権回復

⑴朝鮮の独立を認め、台湾・南樺太・千島列島等を放棄

⑵西側諸国中心の48か国との講和（多数講和）

　　　→中国やソ連を含めた全面講和は諦める

・（59　　　　　　　　　　　　）の締結（1951年）

⑴アメリカ軍の日本駐留を認める

・日米相互防衛援助（MSA）協定（1954年）

⑴（55）から組織改編された保安隊と警備隊が統合

　　→（60　　　　　　　　）発足

まとめ 学習した知識と教科書等を参考に、単元のテーマを自分の言葉で説明してみよう。

_____

_____

_____

_____

# 1 冷戦期の国際連合について考える

資料 1

**国際連盟規約**

第5条　1　本規約中又は本条約の条項中別段の明文ある場合を除くの外、連盟総会又は連盟理事会の会議の議決は、其の会議に代表せらるる連盟国全部の同意を要す。　　　（データベース「世界と日本」）

**国際連合憲章**

第18条　2　重要問題に関する総会の決定は、出席し且つ投票する構成国の3分の2の多数によって行われる。

　　　　3　その他の問題に関する決定は、3分の2の多数によって決定されるべき問題の新たな部類の決定を含めて、出席し且つ投票する構成国の過半数によって行われる。

第27条　2　手続事項に関する安全保障理事会の決定は、9理事国の賛成投票によって行われる。

　　　　3　その他のすべての事項に関する安全保障理事会の決定は、常任理事国の同意投票を含む9理事国の賛成投票によって行われる。但し、第6章及び第52条3に基く決定については、紛争当事国は、投票を棄権しなければならない。　　　（ウェブページ「国際連合広報センター」）

資料 2

**国際連盟規約**

第16条　1　第12条、第13条又は第15条に依る約束を無視して戦争に訴えたる連盟国は、当然他の総ての連盟国に対し戦争行為を為したるものと看做す。他の総ての連盟国は之に対し、直に一切の通商上又は金融上の関係を断絶し自国民と違約国国民との一切の交通を禁止し、且連盟国たると否とを問わず他の総ての国の国民と違約国国民との間の一切の金融上通商上又は個人的交通を防遏すべきことを約す。

**国際連合憲章**

第42条　安全保障理事会は、第41条に定める措置では不充分であろうと認め、又は不充分なことが判明したと認めるときは、国際の平和及び安全の維持又は回復に必要な空軍、海軍又は陸軍の行動をとることができる。この行動は、国際連合加盟国の空軍、海軍又は陸軍による示威、封鎖その他の行動を含むことができる。

問1　資料 1、2を参考に、表決と制裁手段について、国際連盟と国際連合の違いを答えよう。

・表決

_____

_____

・制裁手段

_____

_____

資料 3　国際連合憲章

第51条　この憲章のいかなる規定も、国際連合加盟国に対して武力攻撃が発生した場合には、安全保障理事会が国際の平和及び安全の維持に必要な措置をとるまでの間、個別的又は集団的自衛の固有の権利を害するものではない。この自衛権の行使に当って加盟国がとった措置は、直ちに安全保障理事会に報告しなければならない。また、この措置は、安全保障理事会が国際の平和及び安全の維持又は回復のために必要と認める行動をいつでもとるこの憲章に基く権能及び責任に対しては、いかなる影響も及ぼすものではない。

資料 4　拒否権の行使回数

|  | 米 | ソ（露） | 中 | 英 | 仏 | 計 |
|---|---|---|---|---|---|---|
| 1946-1955 | 0 | 80 | 1 | 0 | 2 | 83 |
| 1956-1965 | 0 | 26 | 0 | 3 | 2 | 31 |
| 1966-1975 | 12 | 7 | 2 | 10 | 2 | 33 |
| 1976-1985 | 34 | 6 | 0 | 11 | 9 | 60 |
| 1986-1995 | 24 | 2 | 0 | 8 | 3 | 37 |
| 1996-2005 | 10 | 1 | 2 | 0 | 0 | 13 |
| 2006-2008 | 2 | 2 | 2 | 0 | 0 | 6 |
| 合　計 | 82 | 124 | 7 | 32 | 18 | 263 |

資料 5　東西両陣営の安全保障体制

| 西　側 | |
|---|---|
| 1948年 | 米州機構（OAS） |
| 1949年 | 北大西洋条約機構（NATO） |
| 1951年 | 日米安全保障条約 |
| 1951年 | 米比相互防衛条約 |
| 1951年 | 太平洋安全保障条約（ANZUS） |
| 1953年 | 米韓相互防衛条約 |
| 1954年 | 米華相互防衛条約 |
| 1954年 | 東南アジア条約機構（SEATO） |
| 1955年 | バグダード条約機構（METO） |
| 1959年 | 中央条約機構（CENTO） |

| 東　側 | |
|---|---|
| 1950年 | 中ソ友好同盟相互援助条約 |
| 1955年 | ワルシャワ条約機構 |

問 2　資料 3 ～ 5 や自分で調べた資料をもとに、国際連合の問題点を考えて答えよう。

_____

_____

_____

問 3　これまでの学習から、国際連合は冷戦期に平和維持機構としての役割を果たしていたと言えるかどうか、またなぜそう思うのか自分の考えを答えよう。

_____

_____

_____

_____

## 2 レッド＝パージとは

**資料 6　好ましくない人物の公職よりの除去に関する覚書**（1946年１月４日）

一　ポツダム宣言は「われ等は、無責任な軍国主義が世界から駆逐されるまでは、平和と安全と正義の新秩序は生じ得ないものであることを主張するものであつて、日本国民を欺き世界征服の挙に出る過誤を犯させた者の権力と勢力とを、永久に根絶させなければならない」と規定している。

二　ポツダム宣言のこの条項を実行する為め日本帝国政府に対し次に列挙する総ての者を、公職より罷免し、且つ官職より排除することを命ずる。

（Ａ）軍国主義的国家主義と侵略の活発な主唱者。

（Ｂ）一切の極端な国家主義的団体、暴力主義的団体、又は秘密愛国団体及びそれらの機関又は協力団体の有力分子。

（Ｃ）大政翼賛会、翼賛政治会、大日本政治会の活動に於ける有力分子。

（国立国会図書館ウェブページ「史料にみる日本の近代－開国から戦後政治までの軌跡」）

**資料 7　吉田茂首相宛のマッカーサー書簡**（1950年６月６日）

この措置が適用される範囲は主としてその地位と影響力とから見て、他民族の征服と搾取に日本を導いた全体主義的政策に対して責任を負うべき地位にある人々に限られてきた。ところが最近にいたり日本の政治には新しく右に劣らず不吉な勢力が生まれた。……彼らの法律を無視する扇動をこのまま放置するということは……日本の民主的諸制度を抑圧する危険があり、日本の政治的独立に対する好機を失わしめ、日本民族の破滅を招く危険があるのである。従って私は日本政府が次にのべる日本共産党中央委員全員を公職から追放し、私が一九四六年一月四日付で公布した禁止、制限、責任に関する指令とその付帯条項を彼らに適用するために必要な行政措置をとることを指令する。

（国立国会図書館ウェブページ「史料にみる日本の近代－開国から戦後政治までの軌跡」）

問4　**資料 6、7** はともに公職追放に関する資料だが、それぞれどのような人物が対象になっているか答えよう。

・資料6

・資料7

## 3 冷戦のアジアへの影響を考える

**資料 8　ロイヤル米陸軍長官演説**（1948年１月６日）

　アメリカは日本に……今後東亜に生ずるかも知れぬ新たな全体主義的戦争の脅威に対する妨害物〈防壁〉の役目を果しうる自足的民主主義を確立する目的を有している。

（『時事年鑑 昭和24年版』）

**資料 9　サンフランシスコ講和会議における吉田茂総理大臣の受諾演説**（1951年９月７日）

中国については、われわれも中国の不統一のためその代表がここに出席されることができなかったことを残念に思うものであります。……近時不幸にして、共産主義的の圧迫と専制を伴う陰険な勢力が極東において、不安と混乱を広め、且つ、各所に公然たる侵略に打って出つつあります。日本の間近にも迫っております。しかし、われわれ日本国民は、何らの武装をもっておりません。この集団的侵攻に対しては日本国民としては、他の自由国家の集団的保護を求める他はないのであります。これ、われわれが合衆国との間に安全保障条約を締結せんとする理由であります。

（『日本外交文書』）

資料 10 **対日講和問題に関する周恩来中国外相の声明**（1951年8月15日）

したがって、アメリカ、イギリス両国政府が対日単独平和条約の署名を急ぐのは、決して日本における軍国主義の復活を防ぎ、日本の民主主義を助長し、アジアと世界の平和と安全を守るためではなく、日本を再武装させ、アメリカ政府とその衛星国のため新たな世界的な侵略戦争を準備するためであることは明らかである。中華人民共和国中央人民政府は、これにたいし断乎反対しないわけにゆかないのである。

（『日本外交主要文書・年表(1)』1983年）

資料 11 **中ソ友好同盟相互援助条約**（1950年）

　ソヴィエト社会主義共和国連邦最高会議幹部会及び中華人民共和国中央人民政府は、ソヴィエト社会主義共和国連邦と中華人民共和国間の友好及び協力を強化し、日本帝国主義の復活及び日本国の侵略又は侵略行為についてなんらかの形で日本国と連合する国の侵略の繰り返しを共同で防止することを決意し、国際連合の目的及び原則に従って極東及び世界の長期にわたる平和及び全般的安全を強化することを希望し、ソヴィエト社会主義共和国連邦と中華人民共和国との間の善隣及び友好の関係を強化することが、ソヴィエト連邦及び中国の人民の基本的利益に合致することを深く確信して、この目的のためにこの条約を締結することに決定し、次のとおりその全権委員を任命した。

（データベース「世界と日本」）

資料 12 **「あたらしい憲法のはなし」挿絵**

資料 13 **警察予備隊募集ポスター**

資料 14 **朝鮮戦争の開戦を報じる新聞**

（『朝日新聞』1950年6月26日）

資料 15 **ベトナム戦争で戦火を逃れる住民**

問 5　これまでの学習や 資料 8〜15などを参考に、冷戦が中国、朝鮮半島、東南アジア、日本それぞれにどのような影響を与えたかをまとめてみよう。

| ・中国 |
| --- |
| ・朝鮮半島 |
| ・東南アジア |
| ・日本 |

# 「国際秩序の変化や大衆化と私たち」のまとめ

◆20世紀に入り国際社会がめまぐるしく変化していく中で、「大衆社会」が形成されていきました。第3部のまとめとして、次の2つの資料を用いて、「統合・分化」という観点から「大衆化」を考えてみましょう。

**問1** これまでの学習を振り返り、あなたが第3部の最初に設定した「問い」について、わかったことや考察したことをまとめてみよう。

（空欄）

1　2019年11月に中国で最初に確認された新型コロナウィルス（COVID-19）は、その後全世界に感染が拡大し、私たちの生活も様々な面で制限され、大きく変容しました。しかし歴史を振り返ると、このようなウィルスの流行は過去にもあり、例えば1918～20年にはインフルエンザが世界的に大流行し、日本では「スペインかぜ」と呼ばれました。このような伝染病の歴史から「大衆化」を考えよう。

**資料1　「スペインかぜ」流行時の資料**

**図1 当時の啓発ポスター①**

「マスク」をかけぬと…

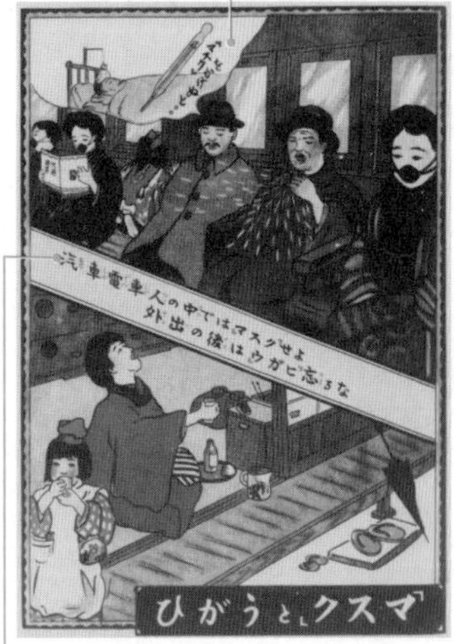

汽車電車人の中ではマスクせよ
外出の後はウガヒ忘るな

**図2 当時の啓発ポスター②**

流感豫防
（内務省衛生局）

一、近寄るな　咳する人に

二、鼻口を覆へ　他の為にも　身の為にも

三、豫防注射を　転ばぬ先に

四、含嗽せよ　朝な夕なに

**図3 当時の日本の女学生**

（図1・2出典：内務省衛生局編『流行性感冒』1922年）

**図4　感染者数と死亡者数**

|  | 感染者数 | 死亡者数 |
|---|---|---|
| 世界 | 約5～6億人 | 約4000万人（1億人との説も） |
| 日本 | 約2,300万人 | 約38万人 |

（人口…世界：約20億人／日本：約5,500万人）
（国立感染症研究所 感染症情報センター）

図1　新型コロナウィルス感染拡大防止の啓発ポスター

図2　感染者数と死亡者数（2022 年 8 月末時点）

|  | 感染者数 | 死亡者数 |
|---|---|---|
| 世界 | 約 6 億 154 万人 | 約 649 万人 |
| 日本 | 約 1877 万人 | 約 4 万人 |

問 2　資料 1「スペインかぜ」流行時の資料を見て、現代と同じ点は何か。また違う点は何だろうか。

| 同じ点 | |
|---|---|
| 違う点 | |

問 3　現代の感染防止対策をふまえ、「スペインかぜ」流行当時の日本人は 資料 1 のような政府の呼びかけに従っただろうか。その理由も含めて自分の意見を書こう。

**2 20世紀前半、大衆社会が形成されていく中で、大衆の多くを占める集団とは別の、「異質」とされる集団も形成され、しばしばそれらの集団は社会から差別や迫害を受けることがありました。そのような「排除」の状況について、次の資料を参考に考えよう。**

**資料3 ナチ党政権下のドイツに関する論考**

すでに世紀転換期以降、ドイツでも他の諸国でも社会生物学的、「優生学的」イメージが広範囲に広まっており、それに関与した大学教授たちのなかでは多くの支持が見られたが、……優生学や人種衛生学的な措置への批判者は口を封じられ、きわめて早い段階で、それまで思考の域にとどまっていたものが実行に移された。……

犯罪を引き起こしやすい傾向も、今やその人間の資質によるものであり、遺伝するものと見なされた。これが対象としたのは何度も犯罪を行った人間だけでなく、労働拒否者や浮浪者、あるいは素行の怪しい人びとであった。だが、逸脱的な社会行動と遺伝を結びつけようというこうした試みの中心にあったのは、「ジプシー」[シンティ・ロマ]である。

遺伝生物学者の判断によれば、この集団は「歴史も文化もない原始人」として見なすべきであり、彼らを教育し直すことは不可能であって、せいぜい「無害」にするくらいしかできないとされた。それゆえ

1938年以降、2000人以上の「反社会分子」として烙印を押されたドイツ、オーストリアの「ジプシー」が、国内の強制収容所へと送致された。「権力掌握」から三年。ナチの抑圧システムは重大な変化を遂げていたが、人びとがこれにはっきりと気づくことはなかったであろう。政治的な敵対者の迫害がおおむね終了したのち、ドイツ民族共同体からの「共同体の敵」の除去が体制による優先課題となった。ナチの社会概念は、平等と不平等の体系に基づいていた。

一方では、アーリア人で健康な、業績能力のあるドイツ人の「民族同胞」であれば、階級や教養、宗教、出身地域に関係なく「対等」な人間と見なされ、ナチ国家によって社会政策による支援を受けた。他方、民族的、社会的、生物学的、そしてとりわけ人種的に排除された人びとは「民族同胞」と対等の立場ではなく、法を奪われ、厚生・治安当局から排除され、追放され、もしくは生殖を阻まれたのだ。

(ウルリヒ・ヘルベルト著、小野寺拓也訳『第三帝国』角川新書、2021年)

**資料4 関東大震災後の事件に関する新聞記事**

群馬県藤岡町で自警団の大惨虐－警察を襲ひ鮮人を殺害

九月一日大震災の後群馬県下で、一斉に流言蜚語におそはれ三日朝埼玉県に接近した各地の青年会員在郷軍人会員その他一般民にて自警団を組織し、各兇器を手にして警戒したが、三日正午ごろ多野郡鬼石町なる自警団員が同町で挙動不審の朝鮮人一名を発見し、藤岡署に引張って来たので同署長設楽警部等が取調べると何等怪き点もないので放還した。

すると藤岡町の自警団員は、「井戸に毒薬を投入するものを警察が放還するとは何事だ」と激昂している。折りしも同郡の新町（上野高崎線沿線）の神流川砂利会社及び鉄道省の請負ひ鹿島組その他では、かねて使役している鮮人土工十四名を藤岡署に保護を願はんと、砂利会社長田中千代吉氏が五日早朝、右鮮人十四名のものに理由を申し渡し藤岡署に同行を願ひ出でたので、同署もこれを諒とし保護を引受け一応十四名を同署留置所に収容した。藤岡町の自警団はこれを聞き込み、総代として十三名のもの同日正午警察署に出頭し、「警察署で鮮人を保護しているが何時放還されるかも知れないから危険で

ある。われわれの手にて保護したい」と鮮人引渡し方を厳重に交渉した。

当時同署には小宮巡査部長南雲、里見、広樹巡査外一名都合六名だけ勤務しをり、署長は新町町民の激昂を緩和するため同町に赴いていたので小宮部長は「署長の帰るまで待ってくれ」と答へた。自警団側では「そんな手ぬるい事は承知ができぬ」と暴行をも加へかねない有様であったが、時刻移りて午後六時となるや自警団員その他二百余名の群集潮の如く同署に殺到し、「やってしまへ」と誰かが怒号すると、小宮部長と交渉中の代表者は「引受けた」とばかり用意して来た猟銃、竹槍日本刀を振りかざして同署構内裏手の留置場へ乱入し兇器で留置場を破壊し、また一人は巡査の手から留置場の鍵を強奪し遂に留置所入り口を破壊した。この襲撃に狂気の如くなった鮮人等は外部に出ずると共に猿の如く留置場の屋根に飛びあがった。自警団側は梯子をかけて屋根に追いつめ、竹やり日本刀で虐殺をはじめ下からは猟銃を発射し、僅一時間三十分にて十四名全部を惨殺した。

(『東京日々新聞』1923年10月21日)

問4 　資料 3、4から、当時ドイツと日本で「排除」されたのは、どういった人たちだったのか。

| ドイツ | 日本 |
|---|---|
|  |  |

問5 　特定の集団が「排除」されるようになった理由は何だったのか、考えよう。



問6 　資料 1・2、資料 3・4、コロナ下における現代の社会を比較して、共通点を探そう。また、
その共通点を手掛かりに、自分なりに「大衆」とは何かを定義しよう。

| 共通点 |
|---|
|  |

| 「大衆」とは何か |
|---|
|  |

まとめ① 　これまでの取り組みから、「私は大衆なのか」考えよう。



まとめ② 　あなたの「問い」について、必要があれば修正し、さらに調べてみたいことをまとめよう。
修正が必要ない場合、新しい疑問や新たに調べてみたいことをまとめよう。

# 「グローバル化と私たち」の問いを表現する

◆以下にあげる資料は「グローバル化」の歴史に関連するものです。これらの資料を読み解きながら、これから「グローバル化と私たち」を学習するうえで、自分にとっての「グローバル化」を読み解くための「問い」を表現しよう。

## 1 国際関係の緊密化

**資料 1** 「持続可能な開発目標」（SDGs）の17のグローバル目標

**資料 2** 1950年代以降のノーベル平和賞受賞者

| 年 | 受賞者名 | 出身国 | 受賞理由 | 年表 |
|---|---|---|---|---|
| 1950 | ラルフ・バンチ | アメリカ | パレスチナ和平調停に尽力、アラブ諸国とイスラエルの停戦交渉に貢献 | 朝鮮戦争始まる |
| 1951 | レオン・ジュオー | フランス | 国際労働機関（ILO）創設に貢献 | サンフランシスコ平和条約　日米安全保障条約 |
| 1952 | アルベルト・シュヴァイツァー | 西ドイツ | アフリカのガボンにおける診療活動 | |
| 1953 | ジョージ・マーシャル | アメリカ | マーシャル・プラン | |
| 1954 | 国連難民高等弁務官事務所 | | 東西冷戦下の難民のための政治的、法的保護 | 自衛隊の発足　ジュネーブ協定（インドシナ戦争休戦） |
| 1955 | なし | | | 原水爆禁止世界大会　アジア・アフリカ会議 |
| 1956 | なし | | | スターリン批判　日本とソ連の国交回復　日本の国連加盟 |
| 1957 | レスター・B・ピアソン | カナダ | 第二次中東戦争時に国連緊急軍の創設を提唱 | ガーナ独立 |
| 1958 | ドミニク・ピール | ベルギー | 第二次世界大戦後のヨーロッパでの難民救済活動 | |
| 1959 | フィリップ・ノエル・ベーカー | イギリス | 生涯を通じた国際平和と国際協力への熱心な活動 | シンガポール独立 |
| 1960 | アルバート・ルツーリ | 南アフリカ | アフリカ民族会議議長、アパルトヘイト闘争 | 日米安全保障条約の改定　「アフリカの年」　OPEC結成 |
| 1961 | ダグ・ハマーショルド | スウェーデン | 世界の平和と協力を推進、国際連合の強化に尽力 | ベルリンの壁構築 |
| 1962 | ライナス・ポーリング | アメリカ | 核兵器に対する反対運動 | キューバ危機 |
| 1963 | 赤十字国際委員会<br>国際赤十字赤新月社連盟 | | 国際赤十字の創設100年を記念 | OAU（アフリカ統一機構）結成 |
| 1964 | マーティン・ルーサー・キング | アメリカ | アメリカにおける人種偏見を終わらせるための非暴力抵抗運動 | 東京オリンピック開催　公民権法成立 |
| 1965 | 国際連合児童基金（UNICEF） | | 国際援助機関として | 日韓基本条約　米軍のベトナム北爆開始 |
| 1966 | なし | | | |
| 1967 | なし | | | |
| 1968 | ルネ・カサン | フランス | 国連人権宣言の起草 | 小笠原諸島の日本復帰 |
| 1969 | 国際労働機関（ILO） | | 労働条件や生活水準の改善のための取り組み | |
| 1970 | ノーマン・ボーローグ | アメリカ | 世界の食糧不足の改善 | 大阪万国博覧会開催 |
| 1971 | ヴィリー・ブラント | 西ドイツ | 東ドイツを含めた東欧諸国との関係正常化を目的とした東方外交 | ドル危機　米が変動相場制に移行 |
| 1972 | なし | | | 沖縄の日本復帰　中国との国交正常化 |
| 1973 | ヘンリー・キッシンジャー | アメリカ | ベトナム戦争の和平交渉 | 石油危機　ベトナム和平協定 |
| | レ・ドゥク・ト（受賞辞退） | 北ベトナム | | |

| 年 | 受賞者名 | 出身国 | 受賞理由 | 年表 |
|---|---|---|---|---|
| 1974 | ショーン・マクブライド | アイルランド | 欧州人権条約、アムネスティ・インターナショナル創設、国際法律家委員会事務総長 | |
| | 佐藤栄作 | 日本 | 非核三原則の提唱 | |
| 1975 | アンドレイ・サハロフ | ソ連 | 人権や軍縮、国家間協力のための奮闘 | 第1回主要国首脳会議（サミット） |
| 1976 | ベティ・ウィリアムズ | イギリス | 北アイルランドの平和運動 | |
| | マイレッド・コリガン・マグワイア | | | |
| 1977 | アムネスティ・インターナショナル | | チリのピノチェト政権における国民弾圧を告発 | |
| 1978 | アンワル・アッ＝サダト | エジプト | キャンプ・デービッド合意 | 核兵器完全禁止・被爆者擁護世界大会 日中平和友好条約 |
| | メナヘム・ベギン | | | |
| 1979 | マザー・テレサ | インド | 長期間にわたる献身的な働きにより、苦しみの中にいる人々に安息をもたらした | 日本の国際人権規約批准　米中国交正常化 |
| 1980 | アドルフォ・ペレス・エスキベル | アルゼンチン | ラテンアメリカの人権向上 | イラン・イラク戦争（〜1988） |
| 1981 | 国連難民高等弁務官事務所 | | 難民の移住と定着と処遇の改善に資する活動 | |
| 1982 | アルバ・ライマル・ミュルダール | スウェーデン | 国連の軍縮交渉における重要な役割 | |
| | アルフォンソ・ガルシア・ロブレス | メキシコ | | |
| 1983 | レフ・ワレサ | ポーランド | 「連帯」の結党と民主化運動 | |
| 1984 | デスモンド・ムピロ・ツツ | 南アフリカ | アパルトヘイトの解決のための運動の統一的指導者としての役割 | |
| 1985 | 核戦争防止国際医師会議 | | 核戦争がもたらす悲惨な結果についての理解を広める | 日本の女子差別撤廃条約批准　プラザ合意 |
| 1986 | エリ・ヴィーゼル | アメリカ | 「ホロコーストに関する大統領委員会」の議長 | 男女雇用機会均等法の施行 |
| 1987 | オスカル・アリアス・サンチェス | コスタリカ | 中央アメリカにおける和平調停、ニカラグアとエルサルバドルの紛争を仲裁 | 国鉄分割・民営化 |
| 1988 | 国連平和維持活動（PKO） | | 国連の基本的信条の実現に向けての重要な貢献 | |
| 1989 | ダライ・ラマ14世 | チベット | 非暴力によるチベット解放闘争、チベットの歴史と文化遺産保存のための平和的解決の提唱 | 天安門事件　ベルリンの壁崩壊 |
| 1990 | ミハイル・ゴルバチョフ | ソ連 | 冷戦の終結、中距離核戦力全廃条約、ペレストロイカによる共産圏の民主化 | ドイツ統一 |
| 1991 | アウン・サン・スー・チー | ミャンマー | ミャンマーの人権と民主主義確立のための非暴力闘争 | 湾岸戦争　ソ連崩壊 |
| 1992 | リゴベルタ・メンチュウ | グアテマラ | グアテマラ先住民の人権と権利の向上 | 国連環境開発会議（地球サミット）のリオ宣言 |
| 1993 | ネルソン・マンデラ | 南アフリカ | アパルトヘイト体制の平和的終結、新しい民主的な南アフリカの礎を築く | 第2次戦略兵器削減条約　欧州連合（EU）発足 パレスチナ暫定自治協定 |
| | フレデリック・ウィレム・デクラーク | | | |
| 1994 | ヤーセル・アラファト | パレスチナ | 中東へ平和を築く努力 | |
| | イツハク・ラビン | イスラエル | | |
| | シモン・ペレス | | | |
| 1995 | ジョゼフ・ロートブラット | イギリス | 国際政治における当面の核兵器の削減と長期的な核廃絶のための努力 | 世界貿易機関（WTO）発足 阪神・淡路大震災 |
| | パグウォッシュ会議 | | | |
| 1996 | カルロス・フィリペ・シメネス・ベロ | 東ティモール | 東ティモールにおける紛争の正当で平和的な解決 | 包括的核実験禁止条約（CTBT） |
| | ジョゼ・ラモス＝ホルタ | | | |
| 1997 | 地雷禁止国際キャンペーン | | 対人地雷の禁止および除去に対する貢献 | 京都議定書　香港返還 |
| | ジョディ・ウィリアムズ | アメリカ | | |
| 1998 | ジョン・ヒューム | イギリス | 北アイルランド紛争の平和的解決の模索 | インドとパキスタンが地下核実験 |
| | デヴィッド・トリンブル | | | |
| 1999 | 国境なき医師団 | | アジア・アフリカ・南米の各大陸における、その先駆的な人道的活動 | マカオ返還 |
| 2000 | 金大中 | 韓国 | 韓国、および一般に東アジアの民主主義と人権のための努力、特に北朝鮮との平和と和解のため | 南北朝鮮首脳会談 |
| 2001 | 国際連合 | | よりよく組織され、より平和な世界のための取組み | アメリカ同時多発テロ事件 中国がWTO加盟 |
| | コフィー・アナン | ガーナ | | |
| 2002 | ジミー・カーター | アメリカ | 数十年にわたる国際紛争の平和的解決への努力、民主主義と人権の拡大、経済・社会開発への尽力 | EU統一通貨ユーロ流通開始 日露首脳会談　AU（アフリカ連合）発足 |
| 2003 | シーリーン・エバーディー | イラン | 民主主義と人権擁護に対する貢献 | イラク戦争 |
| 2004 | ワンガリ・マータイ | ケニア | 持続可能な開発、民主主義と平和に対する貢献 | 自衛隊イラク派遣　EUに東欧など10か国加盟 |
| 2005 | 国際原子力機関（IAEA） | | 原子力エネルギーの平和的利用に対する貢献 | |
| | モハメド・エルバラダイ | エジプト | | |
| 2006 | ムハマド・ユヌス | バングラデシュ | 貧困層の経済的・社会的基盤の構築に対する貢献 | 北朝鮮が初の地下核実験 |
| | グラミン銀行 | | | |
| 2007 | 気候変動に関する政府間パネル | | 人為的気候変動（地球温暖化）についての問題点を広く知らしめ、気候変動防止に必要な措置への基盤を築くために努力 | EUに東欧2か国が加盟（27か国に拡大） |
| | アル・ゴア | アメリカ | | |
| 2008 | マルッティ・アハティサーリ | フィンランド | インドネシア・アチェ武装勢力の紛争解決への尽力 | 世界金融危機 |
| 2009 | バラク・オバマ | アメリカ | 国際外交および諸民族間における協力強化のための努力 | |
| 2010 | 劉暁波 | 中国 | 中国の基本的人権確立のための長期にわたる非暴力の闘い | |
| 2011 | エレン・ジョンソン・サーリーフ | リベリア | 平和構築活動に女性が安全かつ全面的に参加できるよう求めた非暴力の活動 | 東日本大震災 西アジア・北アフリカで民主化運動拡大 |
| | リーマ・ボウィ | | | |
| | タワックル・カルマン | イエメン | | |
| 2012 | 欧州連合（EU） | 欧州連合（EU） | 欧州地域の安定および協調路線を図る取り組み | 国連で「パレスティナは国家」決議採択 |
| 2013 | 化学兵器禁止機関 | | 化学兵器の排除のための多大な努力 | |
| 2014 | マララ・ユスフザイ | パキスタン | 児童と青年に対する抑圧に対する闘いとすべての児童のための教育の権利への貢献 | |
| | カイラシュ・サティーアーティ | インド | | |
| 2015 | チュニジア国民対話カルテット | チュニジア | ジャスミン革命後の民主化への貢献 | 米・キューバ国交回復 |
| 2016 | ファン・マヌエル・サントス | コロンビア | 50年以上にわたったコロンビア内戦の終結に向けた決然たる努力 | |
| 2017 | 核兵器廃絶国際キャンペーン | スイス | 核兵器の使用による人類の壊滅的な結果に注目を集めさせ、その廃絶のための条約締結を達成した画期的な努力 | 国連で核兵器禁止条約採択 イギリスのEU離脱表明 |
| 2018 | デニス・ムクウェゲ | コンゴ民主共和国 | 戦場や紛争地域において兵器として用いられる戦時性暴力を終結させるための努力 | 米朝首脳会談 |
| | ナーディーヤ・ムラード | イラク | | |
| 2019 | アビィ・アハメド | エチオピア | 平和と国際協力を達成するための努力、隣国エリトリアとの国境紛争を解決するための決定的な指導力 | |
| 2020 | 国際連合世界食糧計画（WFP） | | 飢餓克服への努力、紛争地域の平和のための貢献、飢餓を戦争と紛争の武器として使用することを防ぐための努力において原動力としての役割を果たす | 新型コロナウイルス感染拡大 |
| 2021 | マリア・レッサ | フィリピン | 民主主義と恒久的な平和の前提条件である表現の自由を守るための努力に対して | |
| | ドミトリー・ムラトフ | ロシア | | |

| 国　　名 | | 1970年 | 1980年 | 1990年 | 2000年 | 2010年 | 2020年 | 1人あたり（ドル） | （単位 百万ドル） |
|---|---|---|---|---|---|---|---|---|---|
| 東アジア | 日本 | 212 609 | 1 105 386 | 3 132 818 | 4 887 520 | 5 700 098 | 5 057 759 | 39 990 | 日本 |
| | 韓国 | 9 005 | 65 398 | 283 366 | 576 179 | 1 144 067 | 1 637 896 | 31 947 | 韓国 |
| | 中国 | 92 603 | 306 167 | 394 566 | 1 211 331 | 6 087 192 | 14 722 801 | 10 229 | 中国 |
| 東南・南アジア | インド | 62 422 | 187 033 | 329 139 | 476 148 | 1 669 620 | 2 664 749 | 1 931 | インド |
| | インドネシア | 10 440 | 84 791 | 133 858 | 175 702 | 755 094 | 1058 424 | 3 870 | インドネシア |
| | シンガポール | 1 921 | 12 082 | 38 892 | 96 077 | 239 808 | 339 988 | 58 114 | シンガポール |
| | ベトナム | 2 775 | 2 396 | 6 472 | 31 173 | 115 932 | 271 158 | 2 786 | ベトナム |
| | マレーシア | 3 864 | 24 488 | 44 025 | 93 790 | 255 018 | 336 664 | 10 402 | マレーシア |
| | ミャンマー | 2 726 | 6 232 | 6 173 | 8 694 | 44 847 | 70 284 | 1 292 | ミャンマー |
| 西アジア | アラブ首長国連邦 | 1 067 | 44 169 | 51 364 | 105 701 | 289 787 | 358 869 | 36 285 | アラブ首長国連邦 |
| | イラク | 3 289 | 17 541 | 23 877 | 23 657 | 138 517 | 166 757 | 4 146 | イラク |
| | サウジアラビア | 5 377 | 164 540 | 117 473 | 189 515 | 528 207 | 700 118 | 20 110 | サウジアラビア |
| アフリカ | ケニア | 2 518 | 10 518 | 12 664 | 14 465 | 40 000 | 101 014 | 1 879 | ケニア |
| | 南アフリカ共和国 | 18 656 | 83 913 | 116 699 | 138 436 | 375 348 | 302 141 | 5 094 | 南アフリカ共和国 |
| | ルワンダ | 228 | 1 326 | 2 435 | 2 068 | 6 124 | 10 332 | 798 | ルワンダ |
| 西ヨーロッパ | イギリス | 130 682 | 564 954 | 1 093 214 | 1 658 116 | 2 481 580 | 2 764 198 | 40 718 | イギリス |
| | ギリシア | 13 134 | 56 854 | 97 893 | 131 719 | 296 835 | 188 835 | 18 117 | ギリシア |
| 東ヨーロッパ 旧ソ連 | エストニア | … | … | 5 653 | 5 698 | 19 694 | 30 650 | 23 106 | エストニア |
| | ロシア | … | … | 574 068 | 261 567 | 1 539 845 | 1 483 498 | 10 166 | ロシア |
| 旧ユーゴスラヴィア | スロベニア | … | … | 18 184 | 20 291 | 48 161 | 53 590 | 25 777 | スロベニア |
| | セルビア | … | … | 40 531 | 9 866 | 41 819 | 53 335 | 7 656 | セルビア |
| 北・中・南アメリカ | アメリカ合衆国 | 1 073 303 | 2 857 307 | 5 963 144 | 10 252 347 | 14 992 052 | 20 893 746 | 63 123 | アメリカ合衆国 |
| | メキシコ | 45 225 | 237 095 | 299 944 | 707 910 | 1 057 801 | 1 073 439 | 8 326 | メキシコ |
| | アルゼンチン | 33 985 | 81 764 | 153 186 | 308 148 | 426 487 | 383 067 | 8 476 | アルゼンチン |
| | ブラジル | 35 214 | 191 125 | 406 897 | 652 360 | 2 208 838 | 1 444 733 | 6 797 | ブラジル |
| オセアニア | オーストラリア | 45 152 | 173 234 | 323 544 | 408 775 | 1 299 463 | 1 423 473 | 55 823 | オーストラリア |

（『世界国勢図会 2021/22』『同2022/23』）

## GDP の多い国（2020年）

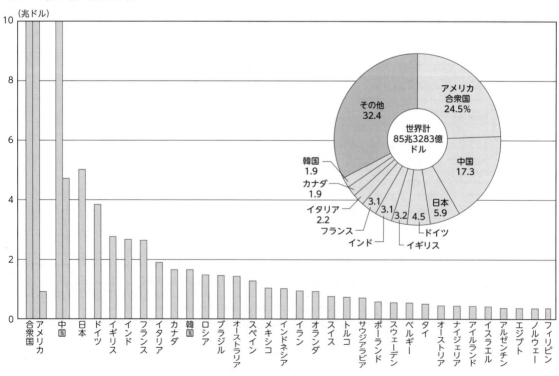

**資料 4　主な経済地域の面積・人口・GDP**（2020年）

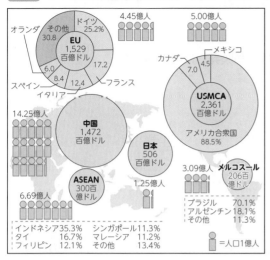

| | 面積<br>(千km²) | 人口<br>(百万人) | GDP<br>(名目)<br>(億ドル) | 貿易額（億ドル） | |
| --- | --- | --- | --- | --- | --- |
| | | | | 輸出 | 輸入 |
| ASEAN（10か国）・・・・・・ | 4487 | 669 | 29962 | 13852 | 12687 |
| EU（27か国）・・・・・・・・・・ | 4132 | 445 | 152922 | 50759 | 45164 |
| USMCA（3か国）・・・・・・ | 21783 | 500 | 236112 | 22329 | 32150 |
| MERCOSUR（6か国）・ | 13021 | 309 | 20597 | 2915 | 2401 |
| （参考） | | | | | |
| アメリカ合衆国・・・・・・・・ | 9834 | 336 | 208937 | 14249 | 24069 |
| 中国・・・・・・・・・・・・・・・・・・ | 9600 | 1425 | 147228 | 25900 | 20660 |
| 日本・・・・・・・・・・・・・・・・・・ | 378 | 125 | 50578 | 6413 | 6355 |
| イギリス・・・・・・・・・・・・・・ | 242 | 67 | 27642 | 3995 | 6383 |

（『世界国勢図会 2022/23』）

**問1**　**資料** 1～4 から読み取ったことのうち、あなたが特に注目したことは何か、あげよう。

（解答欄）

**問いを表現**　これまでの資料の読み解きで生じた疑問点をふまえて、「私にとってのグローバル化を読み解くための問い」を表現してみよう。その際には、以下のキーワードから1つまたは複数を選んで、疑問に感じた点やこれから学んでいきたいことを、「問い」の形で表現しよう。

※「問い」については、巻頭の「問いの例」も参照

**【7つのキーワード】**
「冷戦と国際関係」／「人と資本の移動」／「高度情報通信」／「食料と人口」／「資源・エネルギーと地球環境」／「感染症」／「多様な人々の共存」

| 問い | |
| --- | --- |
| この問いを立てた理由 | |

# 1 冷戦下の国際関係

◆単元をつらぬく問い

第二次世界大戦後、なぜ様々な場所で「対立・紛争」が頻発したのだろうか

史実の確認

## 1 パレスチナ問題

テーマ　パレスチナ問題における「民族紛争」はどのようにして生じたのだろうか

**a．近代以前のパレスチナ**

・（①　　　　　　　　　　　）地方：ユダヤ教を信仰するユダヤ人が居住…神に授かった「約束の地」

・紀元1世紀　ローマ帝国による支配により、ユダヤ人は各地に離散

・3つの宗教の聖地が（②　　　　　　　　）に存在

　　ユダヤ教：「嘆きの壁」、キリスト教：イエス磔刑の地、イスラーム：ムハンマド昇天の地

・16世紀以降　イスラーム帝国である（③　　　　　　　　）領時代はユダヤ教徒、キリスト教徒の両方に一定の自治と信仰が認められ共存

**b．パレスチナ問題の発生**

・19世紀後半　シオニズム運動（パレスチナにユダヤ人国家を建国しようとする運動）の高まり

・第一次世界大戦中　ユダヤ人―イギリス間の（④　　　　　　　　　　）

　　…イギリスがユダヤ人の戦争協力を引き出すために、戦後パレスチナ地方にユダヤ人国家建設支援を約束したもの

　　※イギリスは一方でアラブ人の独立を約束した「フセイン・マクマホン協定」を締結

・第一次世界大戦後　イギリスの委任統治領となったパレスチナ地方に各地のユダヤ人が移住

　　→居住していたアラブ人「パレスチナ人」との対立発生

・第二次世界大戦後　国連の分割案によりユダヤ人国家（⑤　　　　　　　　）建国

・1964年　アラブ人による抵抗運動組織（⑥　　　　　　　　　　）（PLO）結成

　　アラファトが議長となり、運動を指導

**c．パレスチナ問題の現在**

・パレスチナ人によるインティファーダ（抵抗運動）の展開　→冷戦終結で平和共存へ方針転換

・（⑦　　　　　　　　　　　　）締結　…パレスチナ人国家建設の可能性も（②）をめぐり再び対立へ

　　→パレスチナを巡る、イスラエル―アメリカとイスラームとの対立

まとめ　学習した知識と教科書等を参考に、単元のテーマを自分の言葉で説明してみよう。

## 2 脱植民地化とアジア・アフリカ諸国

テーマ　植民地支配を受けていた地域はどのような対立・紛争を経て独立を果たしたのだろうか

**a．東南アジア諸国の独立**

- ・フランス領インドシナ…（⑧　　　　　　　　　　）がベトナム民主共和国建国を宣言
  - →（⑨　　　　　　　　　　　）の発生

    「ソ連や中華人民共和国の支援でフランスに勝利
    　　　　　　　　　　　　　　　　　　　　　　　　　　　→分裂
    　社会主義勢力拡大を警戒したアメリカが南部にベトナム共和国を建国

- ・オランダ領東インド…（⑩　　　　　　　　　　）を中心に独立を宣言し、オランダとの戦争を経て独立
  - →インドネシア建国

**b．第三世界の形成**

- ・植民地支配から独立した地域では、米ソから独立を保つため、国際会議を開催し平和原則を採択するなどの動きが見られた
- ・1955年、（⑪　　　　　　　　　　　　）会議（バンドン会議）
- ・1961年、非同盟諸国首脳会議
  - …インドの（⑫　　　　　　　）首相、ユーゴスラヴィアのティトー大統領、
    エジプトの（⑬　　　　　　）大統領が主導
- →アジア・アフリカの新興国は（⑭　　　　　　　）として国連などにおいて発言力を強化
  米ソは地域紛争への介入や経済支援などを通じ影響力をもとうとした

まとめ　学習した知識と教科書等を参考に、単元のテーマを自分の言葉で説明してみよう。

---

## 3 冷戦下の地域紛争

テーマ　米ソ冷戦下の地域紛争の結果は、国際社会における米ソの地位にどのような影響を与えたのだろうか

**a．（⑮　　　　　　　　）戦争**

- ・1960年、南ベトナム（ベトナム共和国）で、北ベトナム（中ソ、共産主義側）の支援を得た南ベトナム解放民族戦線が、国家統一を目指し抵抗を強める
  - →これに対しアメリカが北ベトナムへの空爆を開始（1965年）
  - →戦況の悪化や反戦運動で米軍撤退＝世界におけるアメリカの覇権動揺
  - →北ベトナムが南を併合し、ベトナム社会主義共和国が成立（1976年）

**b．（⑯　　　　　　　）戦争**

- ・第1次（1948～49年）
  ユダヤ人がパレスチナに建国したイスラエルとアラブ諸国との間で勃発　→イスラエル側の勝利
- ・第2次（1956～57年）
  エジプトのナセルが（⑰　　　　　　　　　　）の国有化を宣言
  - →これに対し、英仏及びイスラエルの3国が運河の利権をめぐってエジプトと戦争を始める
  - →国連が英仏を支持せず、エジプトが勝利　→アラブ民族運動の機運が高まる

・第3次（1967年）

　イスラエルの電撃戦でエジプト、シリア、ヨルダンが敗れ、イスラエルが占領地を拡大

・第4次（1973年）

　アラブ産油国はイスラエルを支持する国々へ石油輸出を停止　→第1次（⑱　　　　　　　　）

まとめ　学習した知識と教科書等を参考に、単元のテーマを自分の言葉で説明してみよう。

# 4 黒人差別と公民権運動

テーマ　人種差別に反対した人々は平等な権利を求めてどのような行動を起こしたのか

## a. 人種差別とアメリカ

・19世紀半ば、南北戦争　→リンカン率いる北部側の勝利で、南部の奴隷制廃止

・1950年代、（⑲　　　　　　　　　　）の発生…差別の撤廃と法の下の平等、自由と権利を求める

　　　　バス＝ボイコット事件をきっかけに高揚

　　　　　　公営バスの白人席に座っていた黒人女性が白人のために移動をするよう運転手か

　　　　　　ら求められたが、拒否したため逮捕　→最高裁で人種隔離に対する違憲判決

・1963年、ワシントン大行進における（⑳　　　　　　　　　　）の演説

・1964年、ジョンソン大統領が人種差別撤廃を内容とする（㉑　　　　　　　　　　）を成立させる

## b. 現在のアメリカ

・2009年、アフリカ系アメリカ人初の米大統領に（㉒　　　　　　　　）が就任

・2013年、ブラック・ライブズ・マターの発生　→世界中に拡散

　　　　　…白人警官による黒人への暴力・差別的扱いの撤廃を訴える運動

まとめ　学習した知識と教科書等を参考に、単元のテーマを自分の言葉で説明してみよう。

# 5 先進国の政治動向

テーマ　日本が地位や権利を回復する転機にはどのようなことがあったのだろうか

## a. 1950〜60年代の世界

・（㉓　　　　　）国家：戦後の国民生活の立て直しに向けて、医療・教育・住宅・保険などのサー

　ビスを国家が担うべきとの認識が強まる

・アメリカ合衆国：ベトナム反戦運動と（⑲　）が結合

　　┌各地で反戦集会やロックコンサート開催

　　└若者の間で社会問題への意識に根差した（㉔　　　　　　　　　　　　）が生まれる

　　　→日本の学生運動など社会運動の影響は世界に広がった

・1956年、（㉕　　　　　　　　　）の「スターリン批判」　→平和共存路線

・（㉖　　　　　）対立：中国の核開発などをきっかけとして中国とソ連の関係は悪化。中国はその

　後独自に核開発に成功

・1968年、（㉗　　　　　　　）の春：チェコスロヴァキアで民主化の動き

　　→ソ連がワルシャワ条約機構軍を派遣、鎮圧

## b．日本の戦後政治

・日本の（㉘　　　　　　　）体制

「1955年、保守の自由党と日本民主党が合併して自由民主党（自民党）が結成される
保守（自民党）：革新（社会党）＝およそ２：１の議席数で国会で対立する

・1956年、（㉙　　　　　　　　　　）で、ソ連との戦争状態が終結、日本は国連に加盟

・1965年、日本は韓国との間に（㉚　　　　　　　　　　）を締結

・（㉛　　　　　　）の日本復帰：アメリカ統治下に残されていた（㉛）が（㉜　　　　　　　　　　）内閣
の時に日本本土へ復帰　→アメリカ軍基地は縮小されず

・（㉝　　　　　　　　　）発表　→日中国交正常化、のちに日中平和友好条約締結

まとめ　学習した知識と教科書等を参考に、単元のテーマを自分の言葉で説明してみよう

# 6　軍備拡張と核兵器の管理

テーマ　科学技術の発展は大国間の対立にどのような影響を与えたのだろうか

## a．核開発競争

1949年、ソ連が原爆保有に成功

　　→アメリカがそれを上回る威力の水爆の開発を進める　→第五福竜丸事件

1955年、（㉞　　　　　　　　　　　　　　　）宣言による反核運動

　　　　　　　　第１回原水爆禁止世界大会（広島県）

1959年、カストロによる（㉟　　　　　　　　　）革命…キューバの社会主義国化、ソ連への接近

1962年、ソ連によるキューバへの核ミサイル配備に対し、ケネディ政権による海上封鎖

　　　　　　→米ソ核戦争の危機（キューバ危機）

1963年、部分的核実験禁止条約（PTBT）

1968年、（㊱　　　　　　　　　　）（NPT）

　　→軍事費の増加による財政圧迫により、米ソ間で戦略兵器制限交渉（SALT）

　　→米ソ緊張緩和「（㊲　　　　　　　　）」

## b．宇宙開発競争

戦後、大陸間弾道ミサイルの開発競争が激化

1957年、ソ連が世界初の人工衛星打ち上げに成功

　　→対してアメリカは月への有人飛行を目指すアポロ計画、スペースシャトル打ち上げ

　　→国際宇宙ステーションには日本含め、さまざまな国が参加

まとめ　学習した知識と教科書等を参考に、単元のテーマを自分の言葉で説明してみよう。

## 史料・資料を読む

# 1 パレスチナ問題

### 資料 1　イギリスの秘密協定

| 協定名 | 内　容 |
|---|---|
| フセイン・マクマホン協定<br>（1915年，対アラブ人） | アラブ人がオスマン帝国に対して独立運動を起こすことを条件に，**オスマン帝国の領域内にアラブ人の独立国家を建設する**ことを支持。 |
| サイクス・ピコ協定<br>（1916年，対フランス，ロシア） | 大戦後，**イギリス，フランス，ロシアの3国でオスマン帝国の領土を分割する**ことを約束。<br>それぞれの勢力範囲を定め，**パレスチナを国際管理地域とする**。 |
| バルフォア宣言<br>（1917年，対ユダヤ人） | ユダヤ人の資金援助を期待して，大戦後**パレスチナにユダヤ人の国家を建設する**ことを支持。 |

▼サイクス・ピコ協定のオスマン帝国分割案地図

### 資料 2　国連のパレスチナ分割案（1947年）

| | ユダヤ国家 | アラブ国家 | イェルサレム（国際管理地区） | 計 |
|---|---|---|---|---|
| ユダヤ人人口（万人） | 約50 | 約1 | 約10 | 約61 |
| アラブ人人口（万人） | 約40 | 約72 | 約10 | 約122 |
| 面積の割合（％） | 約56 | 約44 | 1未満 | 100 |

▼聖地イェルサレム

### 資料 3　パレスチナと中東戦争

- 国連分割決議によるイスラエルの領土
- 第1次中東戦争でのイスラエルの占領地
- 第3次中東戦争でのイスラエルの占領地
- 現在のイスラエル国境
- パレスチナ自治区

**問1**　20世紀にアラブ人（パレスチナ人）とユダヤ人の対立が深まった原因は何だろうか。第一次世界大戦中のイギリスの動向に着目して考えよう。

**問2**　アラブ人とユダヤ人が対立する直接的きっかけについて，資料2や教科書などを参考に考えよう。

**問 3** どのようにすれば、アラブ人とユダヤ人の対立を避けられただろうか。

---

---

---

**問 4** 問 3 をふまえ、今後、和解の方策はないか考えよう。

---

---

---

---

# 2 公民権運動

[資料] 4 　南北戦争後の合衆国憲法修正

**奴隷制の禁止　修正憲法第13条第 1 節**（1865年12月18日批准）

　奴隷または本人の意に反する苦役は、適法に有罪の宣告を受けた当事者の犯罪に対する刑罰として受ける苦役を除いて……存在してはならない。

**市民権等　修正憲法第14条第 1 節**（1868年 7 月28日批准）

　……いかなる州〔政府〕も、アメリカ合衆国市民の特権または免責特権を損なう法律を制定し、または執行してはならない。いかなる州も、法の適正な手続によらなければ、いかなる者の生命、自由または財産を奪ってはならない。……法の平等な保護を拒んではならない。

**黒人選挙権　修正憲法第15条第 1 節**（1870年 2 月 3 日批准）

　アメリカ合衆国市民の投票する権利は、人種、肌の色、または以前に奴隷であったという理由で、アメリカ合衆国〔連邦政府〕または州〔政府〕によって拒否され、または剥奪されることはない。

（阿部竹松『アメリカ憲法〔第 3 版〕』成文堂、2013年）

[資料] 5 　**キング牧師のワシントン大行進演説**

　100年前、ある偉大な米国民が、奴隷解放宣言に署名した。今われわれは、その人を象徴する坐像の前に立っている。……しかし100年を経た今日、黒人は依然として自由ではない。100年を経た今日、黒人の生活は、悲しいことに依然として人種隔離の手かせと人種差別の鎖によって縛られている。……

　私には夢がある。それは、いつの日か、この国が立ち上がり、「すべての人間は平等に作られているということは、自明の真実であると考える」というこの国の信条を、真の意味で実現させるという夢である。

　私には夢がある。それは、いつの日か、ジョージア州の赤土の丘で、かつての奴隷の息子たちとかつての奴隷所有者の息子たちが、兄弟として同じテーブルにつくという夢である。……

　私には夢がある。それは、いつの日か、私の 4 人の幼い子どもたちが、肌の色によってではなく、人格そのものによって評価される国に住むという夢である。

（キング牧師「私には夢がある」スピーチ（1963年）、American Center Japan）

**資料 6　バス＝ボイコット運動**

　1955年、アメリカアラバマ州モントゴメリー市でバスの白人専用席に座っていた黒人のローザ＝パークスが、白人に席を譲らなかったとして逮捕された。これを受けてキング牧師らは、バスへの乗車拒否（バス＝ボイコット）による人種差別への抵抗運動を呼びかけた。運動は1年以上続き、裁判所は人種隔離政策を違憲とし、バスにおける専用席は無くなった。

▲乗客を乗せずに走るバスをはやし立てる人々

▲違憲判決後に最前列の座席に座る黒人の乗客

**問5**　人間の偏見や差別的な見方・考え方はどのように形成されるのだろうか。 資料 4〜6、黒人差別の問題や身近に存在する差別にかかわる問題を例にあげて考えてみよう。

_____

_____

_____

_____

_____

_____

**資料 7**

**黒人男性暴行死事件**

　「9分29秒間にわたり、首を膝で押さえ付け続けた」。黒人男性ジョージ・フロイドさん＝当時（46）＝を死亡させたとして殺人などの罪に問われた白人の元警官デレク・ショービン被告（45）の公判で19日、検察側は「これは警察活動ではない。殺人だ」と糾弾、黒人市民の声を代弁した。バイデン大統領はホワイトハウスでの演説で「このような評決が出るのはまれだ。非白人の多くの市民が毎日、自分や愛する人の安全を案じながら暮らしている」と指摘。黒人初の副大統領ハリス氏は「黒人、特に黒人男性は米国の歴史を通じ、人間より低い扱いを受けてきた」と語気を強めた。事件は警官による黒人への過剰な暴力が恒常化していることを浮き彫りにした。ワシントン・ポスト紙によると2015年以降、職務中の警官に射殺された人は5千人以上。黒人は100万人当たり36人が射殺された計算で、白人の比率の2.4倍だ。公共ラジオ（NPR）によると、過去5年間で非武装の黒人を殺害した警官のうち殺人罪で訴追されたのは13人、有罪となったのは2人で、80件以上は訴追もされていない。

（共同通信2021年4月22日配信）

**米国で警察官に射殺された人の人種別割合**（人口100万人当たりの人数）

| 黒人 | 36人 |
|---|---|
| ヒスパニック（中南米系） | 27人 |
| 白人 | 15人 |

(2015〜21年4月20日時点、ワシントン・ポスト紙)

**資料 8　アファーマティブ-アクション**

　ポジティブ-アクションとも呼ばれ、歴史的に差別され不利な立場に置かれてきた被差別者層に、機会均等を保障するだけでなく、優遇措置をとることで積極的に差別の是正を目指す方策である。バス＝ボイコット運動をきっかけとする公民権運動の成果として実施されるようになったが、逆差別であるとの指摘も存在する。

**資料 9　シンパシーとエンパシー**

　シンパシーのほうは「感情や行為や理解」なのだが、エンパシーのほうは「能力」なのである。前者はふつうに同情したり、共感したりすることのようだが、後者はどうもそうではなさそうであるである。

　ケンブリッジ英英辞典のサイトに行くと、エンパシーの意味は「自分がその人の立場だったらどうだろうと想像することによって誰かの感情や経験を分かち合う能力」と書かれている。

　つまり、シンパシーのほうはかわいそうな立場の人や問題を抱えた人、自分と似たような意見を持っている人々に対して人間が抱く感情のことだから、自分で努力をしなくとも自然に出て来る。だが、エンパシーは違う。自分と違う理念や信念を持つ人や、別にかわいそうだとは思えない立場の人々が何を考えているのだろうと想像する力のことだ。シンパシーは感情的状態、エンパシーは知的作業とも言えるかもしれない。

(ブレイディみかこ『ぼくはイエローでホワイトで、ちょっとブルー』新潮社、2019年)

**問 6**　グローバル化が進み、異文化との交流が増える現代において、差別を克服するにはどうすればよいのだろうか？　**資料** 4 〜 9 で示した史料・資料もふまえながら考えよう。

# 2 世界経済の拡大と日本社会 （冷戦の経済的影響）

◆**単元をつらぬく問い**

自由貿易体制下で、日本や欧米の資本主義諸国はどのように経済成長を遂げたのか、またそのことによる国際関係や国内社会の変化は、どのような新たな課題を生じさせたのだろうか

 **史実の確認**

## 1 地域連携

テーマ　世界の諸地域で地域連携や地域統合の動きや考えが広がったのはなぜだろうか

**a．ヨーロッパの統合**

・ヨーロッパでは第二次世界大戦が終わったあと、資源をめぐる対立や戦争を避けるために石炭や鉄鋼業の共同管理を目指し、1952年に（①　　　　　　　　　　　　　）が結成された

・（①）が軌道に乗ると、1958年に原子力事業の共同管理を目指した（②　　　　　　　　　）、経済活動や共通関税に協力を広げた（③　　　　　　　　　　　　）が1958年に結成され、国境をこえた人・物・資本の移動が促進された

・1967年、これら３つの共同体を統合して（④　　　　　　　　　　　）が誕生し、1973年以降はイギリスをはじめとして加盟国が増加した

・1992年、より緊密な統合を目指す（⑤　　　　　　　　　　　　　）が結ばれ、1993年に（⑥　　　　　　　　　　）が発足した。1999年には共通通貨（⑦　　　　　　）が導入された

・1985年と1990年の２回にわたり結ばれた（⑧　　　　　　　　　　）では国境管理の廃止が打ち出された

・かつて社会主義体制下にあった（⑨　　　　　　　　　　　）諸国のうち、バルト３国やチェコ、スロヴァキアなど８か国と、マルタ・キプロスを加えた計10か国が2004年に（⑥）へ加盟した

・しかし現在のヨーロッパでは、EU 加盟国間の（⑩　　　　　　）格差、財政や農業、（⑪　　　　　　）の受け入れなど、地域統合の問題に直面している。具体的には2008年の世界的金融危機と（⑫　　　　　　　）の財政危機をきっかけとした（⑦）に対する不安の広まり、シリアなどの中東地域から（⑪）が押し寄せたことによる（⑬　　　　　　　）の動きの高まり、などの課題である。

・このような動きの中で、イギリスでは2016年に（⑭　　　　　　　　）を問う国民投票で（⑭）賛成派が勝利し、2020年に同国の（⑭）が現実となった。

**b．東南アジアの動き**

・東南アジアでは親米的な５か国によって、1967年に（⑮　　　　　　　　　　　　　　　）が結成された。結成当初は社会主義国のベトナム民主共和国（北ベトナム）に対抗する性格も強かったが、しだいに冷戦とは距離をおき、地域の平和・安定化と経済発展に貢献した

**c．自由貿易体制**

・第二次世界大戦後、国際貿易の関税を減らし自由貿易を行うために（⑯　　　　　　　　　）が締結された

・GATT が解消して WTO が発足すると、親密な２か国間で関税を相互に撤廃する（⑰

　）や、サービスや人・資本の移動も自由化する（⑱　　　　　　　　　　）が結ばれた
・こうした２か国間の協定を多国間のものへ発展させる動きもあり、例えば1989年にアジアで発足

した（⑲　　　　　　　　　　）は、複数の宗教圏や文化圏にまたがって経済協力が模索されている

まとめ　学習した知識と教科書等を参考に、単元のテーマを自分の言葉で説明してみよう。

---

# 2 計画経済と開発

テーマ　自由主義国・社会主義国・開発途上国の経済政策には、どのような共通点と相違点があったのだろうか

## a．計画経済

・ソ連を中心とした東ヨーロッパなどの社会主義国では、土地や工場などの（⑳　　　　　　　　）は
原則として（㉑　　　　　）とされ、国家主導でインフラ整備や工業化が進められた
・社会主義国では（㉒　　　　　　　　　）のもと、五か年計画（ソ連）などの経済成長目標にもとづい
て生産計画が作られて必要な資源が配分され、流通・販売・価格も政府が管理していた

## b．「大躍進」

・社会主義経済は一定の効果をあげたものの、政府主導の硬直的な（㉒）により経済の効率性の低下
も見られた。中国では、毛沢東が1958年に「（㉓　　　　　　　　）」政策を打ち出し、農工業の大規
模化・農村の集団化を図ったが、無理な政策と凶作が重なり多くの餓死者が出るなど、失敗に終
わった

## c．南北問題

・アジアやアフリカなどの旧植民地の国々は、旧宗主国の経済発展のために形成された産業のモノカ
ルチャー化が経済的自立の障害となり、南（発展途上国）と北（先進工業国）の経済格差を固定化
する傾向を生んでいた。これを（㉔　　　　　　　　）という

## d．開発独裁

・朝鮮半島や東南アジア諸国において、反共産主義の安全保障体制づくりのためにアメリカや日本が
支援・協力し、経済成長をとげた。これらの地域の多くでは開発主義をとる強力な指導者が強権的
な支配を行った。これを（㉕　　　　　　　）という

まとめ　学習した知識と教科書等を参考に、単元のテーマを自分の言葉で説明してみよう。

## 3 日本の高度経済成長

テーマ 急激な経済成長は、私たちの社会にどのような影響を与えたのだろうか

### a．ブレトン＝ウッズ体制

・第二次世界大戦後、アメリカが中心となってドルを基軸通貨とした国際的な金融管理と世界的な自由貿易を推進するシステムが作られた。これを（㉖　　　　　　　　　　）という。そのなかで西欧諸国や日本では高い経済成長を達成した

### b．高度経済成長

・とりわけ日本では1955〜73年まで、年平均成長率が約10％を記録する（㉗　　　　　　　　）の時代をむかえた。その要因は（㉘　　　　　　　）の拡大、企業による設備投資、そして、（㉙　　　　　　　　）による生産性向上であった。しかし、重工業の発展が水俣病に代表される（㉚　　　　　）を発生させ、また社会的問題意識から生まれた抗議運動やカウンター＝カルチャーから環境保護運動や、消費者保護運動などの市民運動が育った

まとめ 学習した知識と教科書等を参考に、単元のテーマを自分の言葉で説明してみよう。

---

---

## 史料・資料を読む

## 1 EU と ASEAN の特徴と課題

問1 ヨーロッパの統合と東南アジアの統合は、それぞれ何を目指していたといえるのか。あとの(1)〜(4)について、資料 1 〜 6 を参考にしてそれぞれ考えよう。

資料 1 EU のマーストリヒト条約

総則　第B条

ヨーロッパの連合は、以下の目的を定める。

　－　域内に国境をもたない地域を創出し、経済と社会の結合を強め、単一の通貨を含む経済と通貨の連合を設立することによって、バランスのとれた持続可能な経済と社会の発展を促進すること

　－　共通の外交および安全保障政策を実行することによって、国際的な場において主体性を主張すること

　－　連合の市民権を導入することによって、加盟国の国民の権力と利益の保護を強化すること

　－　司法と国内の政策に関して緊密な協力関係を築くこと

**資料2　ASEAN設立宣言**

一　東南アジア諸国連合（ASEAN）という、東南アジア諸国間の地域的協力機関を設立する。

二　本連合の目的は次のとおりである。

1　東南アジア諸国の平和と繁栄の基礎を強化するため、平和とパートナーシップの精神によって共同の努力を通じて、地域の経済成長、社会的進歩及び文化的発展を推進する。

2　域内諸国間の関係において正義と法の支配の尊重を遵守し、国際連合憲章の諸原則を堅持し、域内の平和と安定を促進する。

3　経済、社会、文化、技術、科学及び行政の各分野において利害の共通する諸問題について積極的な協働及び相互援助を促進する。

4　教育、専門職、技術及び行政の各分野における訓練研究施設という方式で相互に援助を与える。

5　農業及び工業の一層の活用、国際商品貿易の問題の研究を含む貿易の拡大、運輸通信施設の改善、国民の生活水準の向上のため、より効果的な協力を行う。

6　東南アジア研究を促進する。

7　類似の目的を有する既存の国際機関及び地域的機関と緊密かつ有益な協力を維持し、これらの機関間のより緊密な協力のための方策を探求する。

（『ベーシック条約集〔2011年版〕』東信堂、2011年）

**資料3　EU加盟国と加盟年**（外務省データ）

| 加盟年 | |
|---|---|
| 1952 | ベルギー、ドイツ、フランス、イタリア、ルクセンブルク、オランダ |
| 72 | デンマーク、アイルランド、イギリス※ |
| 81 | ギリシア |
| 86 | スペイン、ポルトガル |
| 95 | オーストリア、フィンランド、スウェーデン |
| 2004 | チェコ、エストニア、キプロス、ラトビア、リトアニア、ハンガリー、マルタ、ポーランド、スロヴェニア、スロヴァキア |
| 07 | ブルガリア、ルーマニア |
| 13 | クロアチア |

※イギリスは2020年に離脱

**資料4　ASEAN加盟国およびASEAN＋3と東アジア首脳会議の構成国**（外務省データ）

※東ティモールは2022年11月に加盟が合意され、2023年に正式加盟予定。

EAS　東アジア首脳会議

ASEAN＋3

ASEAN　東南アジア諸国連合

- ブルネイ　● カンボジア　● インドネシア
- ラオス　● マレーシア　● ミャンマー
- フィリピン　● シンガポール　● タイ
- ベトナム　■ ASEAN事務局

日中韓協力　● 日本　● 中国　● 韓国

- オーストラリア　● インド　● ニュージーランド
- アメリカ　● ロシア

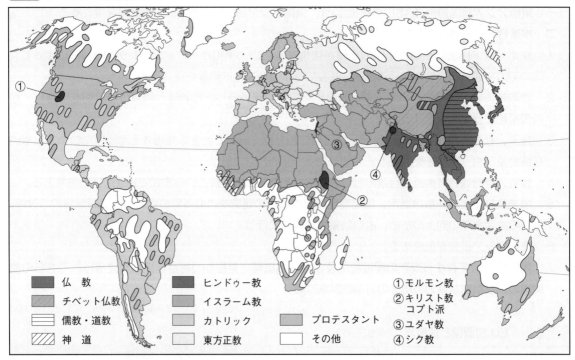

凡例：
- 仏教
- チベット仏教
- 儒教・道教
- 神道
- ヒンドゥー教
- イスラーム教
- カトリック
- 東方正教
- プロテスタント
- その他
- ①モルモン教
- ②キリスト教コプト派
- ③ユダヤ教
- ④シク教

資料 6　ヨーロッパへの不法移民の流入

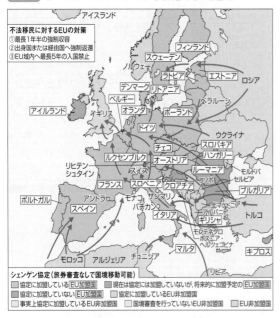

不法移民に対するEUの対策
①最長1年半の強制収容
②出身国または経由国へ強制返還
③EU域内へ最長5年の入国禁止

シェンゲン協定（旅券審査なしで国境移動可能）
- 協定に加盟している[EU加盟国]
- 現在は協定には加盟していないが，将来的に加盟予定の[EU加盟国]
- 協定に加盟していない[EU加盟国]
- 協定に加盟しているEU非加盟国
- 事実上協定に加盟しているEU非加盟国
- 国境審査を行っていないEU非加盟国
- EU非加盟国

問 1

(1) EU は何を目指したのか。

(2) ASEAN は何を目指したのか。

_____

_____

(3) EU と ASEAN の相違点は何か。

_____

_____

_____

(4) 地域統合にはどのような課題が起こりうるのか考えよう。

_____

_____

_____

_____

_____

_____

_____

_____

_____

_____

## 2 高度経済成長期の日本

問2　高度経済成長は当時の日本にどのような課題をもたらし、現在に至ったといえるのか。あとの(1)
　　～(2)について、資料 7 ～14を参考にしてそれぞれ考えよう。

資料 7　**高度経済成長期の開発**（1963年、東京都日本橋）

資料 8　**「三種の神器」**（1959年）

資料 9　**東海道新幹線開業**（1964年）

資料 10　**東京オリンピック**（1964年）

資料 11　**大気汚染**（1963年、三重県四日市市）

資料 12　**公害反対運動**（1970年、三重県四日市市）

## 資料13　水俣病裁判の判決を報じる新聞

水俣病、チッソに全面責任

四大公害裁判

患者側勝訴に終わる

注意義務、怠った

九億三千万円支払え

見舞金契約は無効

日米政府で天皇ご訪

補償

(『毎日新聞』1973年3月20日)

## 資料14　環境庁発足（1971年）

## 問2

(1)日本における高度経済成長期の社会や生活の変化はどのようなものであったか。

(2)「環境」という観点で、高度経済成長期に生じた課題とその対策は何であったか。

# 3 市場経済のグローバル化

◆単元をつらぬく問い

市場経済のグローバル化は、世界と日本にどのような影響を与えたのだろうか

## 史実の確認

## 1 石油危機

テーマ　石油危機はなぜ起きたのか、また世界にどのような影響を与えたのだろうか

### a. 石油危機

・（①　　　　　　　　　　　　　　　　）の高まり…自国発展のため自国による資源管理や開発を主張

・1973年、第1次（②　　　　　　　）…（③　　　　　　　　　　　　　　）が契機

　産油国による供給制限や石油輸出国機構（OPEC）の原油価格引き上げが世界経済に打撃

・1979年、第2次（②　　　　　　）…（④　　　　　　　　　　　　　　　　）が契機

　革命政府が石油供給を削減。価格が高騰

・1975年、（⑤　　　　　　　　　　　　）（サミット）開催

### b. 世界経済の転換

・ブレトン゠ウッズ体制の動揺…基軸通貨である米ドルへの信用低下

・1971年、（⑥　　　　　　　　　　　）…ニクソン大統領がドルと金の兌換を停止したことなどによる

　→（⑦　　　　　　　　　）へ移行

### c. 石油危機以降の変化

・先進工業国におけるハイテクノロジー化、省エネルギー化、代替エネルギーの開発

・アメリカ一国集中から多極化へ

・福祉国家から小さな政府へ

まとめ　学習した知識と教科書等を参考に、単元のテーマを自分の言葉で説明してみよう。

_____

_____

_____

## 2 アジア諸地域の経済発展

テーマ　東アジア・東南アジアの国々の経済発展には、どのような要因があっただろうか

### a. 新興工業経済地域とASEAN諸国の発展

・1967年、東南アジア諸国連合（⑧　　　　　　　　　　　）結成…地域の安定、経済発展を目指す

・新興工業経済地域（⑨　　　　　　　　）の発展

　韓国、台湾、香港、シンガポールの高度経済成長。工業製品の輸出拡大

　　　　要因：先進国の政府開発援助（⑩　　　　　　　　　）、経済協力開発機構（OECD）による経済援助や
　　　　　　投資など
　　　・開発独裁政権が日本などの外資と技術を導入し、輸出主導型の工業化を推進
　ｂ．日本の経済的地位の高まり
　　　・アメリカの双子の赤字　→日米間の（⑪　　　　　　　　　　）の激化
　　　・1985年、（⑫　　　　　　　　　　　）…円高ドル安への誘導
　　　　　→日本では金融緩和（低金利政策）がとられ、企業は経営合理化をすすめる
　　　　　　重化学工業から先端技術産業へ転換。生産拠点は海外へ
　　　　　　アメリカの国債購入、世界最大の債権国に
　　　　　　日本のODAの増加（1989年、世界第1位）、80年代末には地価や株価の高騰（バブル景気）
　ｃ．東アジア地域の変化
　　　・中国：文化大革命を転換　→「（⑬　　　　　　　　　　　）」の推進
　　（まとめ）　学習した知識と教科書等を参考に、単元のテーマを自分の言葉で説明してみよう。

---

# 3　市場開放と自由化
　（テーマ）　市場開放と自由化は、世界に何をもたらしたのだろうか

　ａ．旧社会主義国の市場開放
　　　・中国
　　　（⑭　　　　　　　　　　　　　）政策…鄧小平を中心に推進
　　　中国共産党の独裁体制は維持
　　　人民公社廃止、経済特区設置、外資誘致、市場経済導入
　　　・ベトナム
　　　ベトナム戦争を経てベトナム社会主義共和国が成立
　　　カンボジア侵攻や中越戦争など周辺国との争いが続き、経済は低迷
　　　1986年、「（⑮　　　　　　　　　　）」政策。改革開放路線に転じ、経済は好転
　　　・冷戦終結後のロシアや東欧諸国などで市場経済導入
　ｂ．市場経済のグローバル化
　　　・多くの国が市場経済の原則を受け入れ、グローバル化が進展
　　　・自由貿易推進のため自由貿易協定の締結
　　　　1995年、（⑯　　　　　　　　　　　）発足…GATTを発展的に解消
　　　・国境を越えた人、物、資本、技術の移動　→多国籍企業の重要性が増す
　　　・企業活動が国際的なルールのもとで行われるようになり、日本でも（⑰
　　　　　　）が広がる
　ｃ．課題
　　　・国家間の経済格差や国内の地域間格差が拡大
　　　・資源問題、エネルギー問題、環境問題の深刻化

まとめ 学習した知識と教科書等を参考に、単元のテーマを自分の言葉で説明してみよう。

_____

_____

_____

# 4 情報通信技術（IT技術）の発展

テーマ 情報通信技術の発展は、社会にどのような変化をもたらしたのだろうか

## a．技術革新の進展
- ・重化学工業からの転換。工業製品の小型化、軽量化が進み、市場も拡大
- ・情報通信技術の発達
  - 電話 →FAX（ファックス）→インターネット（1990年代に急速に普及）
  - →スマートフォンの普及やメディア（媒体）の多様化
- ・遠隔地と瞬時に情報やデータのやりとりが可能になる（⑱　　　　　）

## b．情報化社会とグローバル化の加速
- ・情報通信技術の発展により大容量の情報伝達が可能に
  - →国境を越えて情報共有が進み、自由、人権意識や民主主義の拡大、世界経済も一体化が進む
- ・GAFAに代表される（⑲　　　　　）の企業の技術・サービスが世界標準に
- ・日本でもサービス産業の比重が高まる

## c．情報化社会の課題
- ・情報収集や情報発信が簡易に行える一方、その扱いには注意が必要
  - 個人情報の扱いと情報リテラシー
  - 著作権や肖像権などの権利侵害
  - 虚偽の情報や改ざんされた情報を拡散する（⑳　　　　　）
  - 差別的内容を主張する（㉑　　　　　）

まとめ 学習した知識と教科書等を参考に、単元のテーマを自分の言葉で説明してみよう。

_____

_____

_____

_____

# 1 石油危機はなぜ起きたのか、また世界にどのような影響を与えたのだろうか

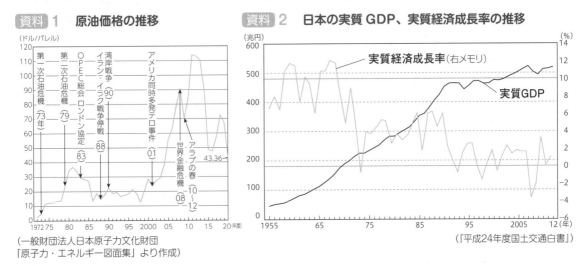

資料 1　原油価格の推移

（一般財団法人日本原子力文化財団
「原子力・エネルギー図面集」より作成）

資料 2　日本の実質 GDP、実質経済成長率の推移

（『平成24年度国土交通白書』）

資料 3　各国のエネルギー割合

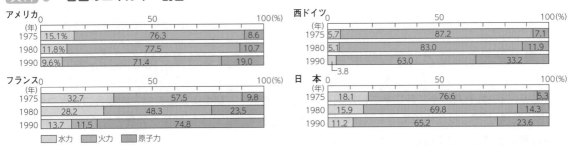

アメリカ

| （年） | | | |
|---|---|---|---|
| 1975 | 15.1% | 76.3 | 8.6 |
| 1980 | 11.8% | 77.5 | 10.7 |
| 1990 | 9.6% | 71.4 | 19.0 |

西ドイツ

| （年） | | | |
|---|---|---|---|
| 1975 | 5.7 | 87.2 | 7.1 |
| 1980 | 5.1 | 83.0 | 11.9 |
| 1990 | 3.8 | 63.0 | 33.2 |

フランス

| （年） | | | |
|---|---|---|---|
| 1975 | 32.7 | 57.5 | 9.8 |
| 1980 | 28.2 | 48.3 | 23.5 |
| 1990 | 13.7 | 11.5 | 74.8 |

日 本

| （年） | | | |
|---|---|---|---|
| 1975 | 18.1 | 76.6 | 5.3 |
| 1980 | 15.9 | 69.8 | 14.3 |
| 1990 | 11.2 | 65.2 | 23.6 |

☐水力　☐火力　☐原子力

（『世界国勢図会』1994/95、1995/96）

問 1　石油危機をきっかけに、日本にはどのような変化が起こっただろうか。資料 1 ～ 3 を参考に述べよう。

資料 4　ランブイエサミット宣言（第 1 回先進国首脳会議）（1975年11月17日）

4．先進工業民主主義諸国は、失業の増大、インフレの継続及び重大なエネルギー問題を克服する決意を有する。今回の会合の目的は、我々の進捗状況を検討し、将来克服すべき諸問題をより明確に確認し、かつ、我々が今後辿るべき進路を設定することであった。

10．我々は、緊張緩和の進展及び世界経済の成長の重要な一要素として、我々と社会主義諸国との経済関係の秩序ある実り多き増進を期待する。
　　我々は、また、現在進められている輸出信用に関する交渉を早期に完結するための努力を強化する。

11．通貨問題に関し、我々は、より一層の安定のために作業を進める意図を確認する。この作業は、世界経済の基調を成す経済・金融上の諸条件のより一層の安定を回復する努力をも含んでいる。同時に、

我々の通貨当局は、為替相場の無秩序な市場状態またはその乱高下に対処すべく行動するであろう。我々は、国際通貨制度の改革を通じて安定をもたらす必要に関し、他の多くの国の要請により、合衆国とフランスの見解に歩み寄りがみられたことを歓迎する。……

12. 開発途上国と先進工業世界との間の協調的関係及び相互理解の改善は、それぞれの繁栄の基盤をなす。我々の経済の持続的成長は、開発途上国の成長のために必要であり、また、開発途上国の成長は、我々の経済の健全性に大きく貢献するものである。……

13. 世界経済の成長は、エネルギー源の増大する供給可能性に明らかに結びついている。我々は、我々の経済の成長のために必要なエネルギー源を確保する決意である。我々の共通の利益は、節約と代替エネルギー源の開発を通じ、我々の輸入エネルギーに対する依存度を軽減するために、引続き協力することを必要としている。……

（[仮訳] 外務省ホームページ）

問2　アメリカなど西側の先進工業国の態度・政策にはどのような変化が起こっただろうか。資料 4 を参考に述べよう。

## 2 東アジアや東南アジアの経済発展には、どのような特徴があるだろうか

資料 5 （一九七八年十二月二十二日採択）中国共産党第十一期中央委員会第三回総会コミュニケ

　総会は、わが国は反覇権国際統一戦線を発展させ、世界各国との友好関係を発展させる面で、新たな重要な成果をあげた、と指摘する。わが国指導者の今年の朝鮮、ルーマニア、ユーゴスラビア、カンボジア、イラン、ビルマ、ネパール、フィリピン、バングラデシュ、日本、タイ、マレーシア、シンガポールおよびアジア、アフリカ、ラテンアメリカ、ヨーロッパの諸国への訪問、中日平和友好条約の締結、中米両国関係正常化交渉の合意達成は、アジアと世界の平和に大きな貢献をした。……

　これは国民経済の三ヵ年、八ヵ年計画と二十三ヵ年構想を実現し、農業、工業、国防、科学技術の現代化を実現し、わが国のプロレタリア階級独裁をうち固める上で重要な意義をもっている。わが党のうち出した新たな時期の全般的任務は、歴史の要請と人民の念願を反映し、人民の根本的利益を代表している。われわれが新たな時期の全般的任務を実現できるかどうか、社会主義的現代化の建設を速めるとともに、生産の急速な発展をふまえて人民の生活をいちじるしく向上させ、国防を強化できるかどうかは、全国人民のもっとも関心を寄せている重大事であり、世界の平和と進歩の事業にとってもひじょうに重要な意義をもっている。

（『北京週報（日本語版）』）

問3　中国は何を「現代化」しようとしただろうか。資料 5 を参考に述べよう。

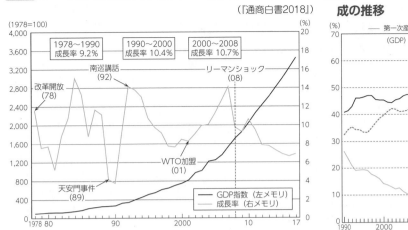

**資料 6　中国の長期的な実質 GDP 成長率の推移**
（『通商白書2018』）

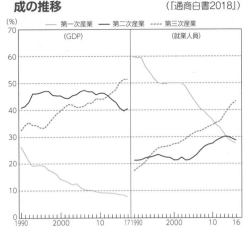

**資料 7　中国の産業別 GDP・就業人員構成の推移**
（『通商白書2018』）

**問 4　中国では経済成長に伴い、産業構造にどのような変化が見られたか。資料 6 、 7 を参考に述べよう。**

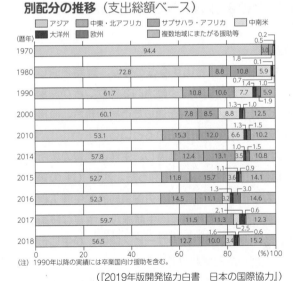

**資料 8　日本の二国間政府開発援助実績の地域別配分の推移**（支出総額ベース）

（注）1990年以降の実績には卒業国向け援助を含む。

（『2019年版開発協力白書　日本の国際協力』）

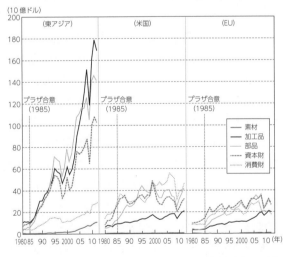

**資料 9　日本の相手地域別・財別輸出額の推移**

（『通商白書2014』）

**問 5　東アジア諸国の経済成長により、日本経済にはどのような変化が起こっただろうか。資料 8 、 9 を参考に述べよう。**

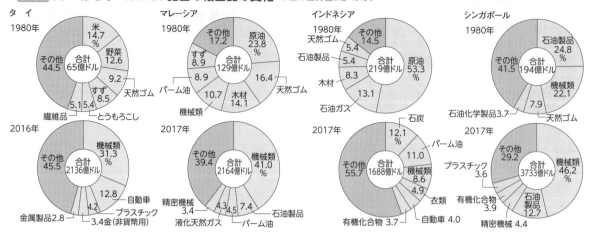

資料 10 　おもな ASEAN 諸国の輸出品の変化 （『世界国勢図会』ほか）

問6　ASEAN 諸国の経済成長の要因は何だろうか。 資料 10 や教科書などを参考に述べよう。

# 3 市場経済のグローバル化は、世界と日本にどのような影響を与えただろうか

資料 11 　自由貿易拡大に支えられたグローバル化の進展

　グローバル化は、一般的に資本や労働力の国境を越えた移動が活発化するとともに、貿易を通じた商品・サービスの取引や、海外への投資が増大することによって世界における経済的な結びつきが深まることを意味するとされている。また、経済学的には、製品とサービスの貿易を通じた市場の統合、直接投資や資本取引の統合、アイデアの国境を跨いだ移動がグローバル化を意味しているという。

　グローバル化は、まず蒸気機関の発明による輸送費の大幅な低減により進展し、生産と消費の場所が切り離された（第1次アンバンドリング）ことで貿易が活発に行われるようになった。次に ICT の普及により組織化コストが激減したことで、先進国の企業がコストを削減するため、労働集約的な生産工程の一部を切り離した（第2次アンバンドリング）。これにより、①部品の貿易、②生産施設、主要な技術者・管理職、研修、技術、国際的な投資の移動、③生産分散化を調整するためのサービス需要、が生じ伝統的な製品の貿易に留まらない複雑で多様な21世紀型貿易が出現したと言われている。

　さらにヒトを移動させるコストが下がれば、労働サービスが労働者から物理的に切り離され、歴史に残るようなインパクトになるかも知れないとされる（第3次アンバンドリング）。例えば、途上国の労働者が遠隔でロボットを使って先進国の警備業務や家事代行業務を行う、先進国の技術者が途上国の資本設備を遠隔で修理する等の「バーチャル移住」が先進国と途上国間で進み、第2次アンバンドリングが製造業にもたらした長短の結果がそのままサービス分野に引き継がれ、豊かな国の労働者が、貧しい国の賃金労働者と直接、賃金競争することになる可能性が指摘されている。このように現在のグローバル化は、モノだけでなく人や知識も自由に世界中を移動するようになっている。

表　グローバル化の変遷

| | | グローバリゼーション以前の世界 | 第1のアンバンドリング | 第2のアンバンドリング | 第3のアンバンドリング |
|---|---|---|---|---|---|
| 3つの分離コスト | 貿易コスト | 高 | 低 | | |
| | 通信コスト | 高 | | 低 | |
| | 対面コスト | 高 | | | 低 |
| 移動制約が解消されるもの | | ― | モノ | アイデア | ヒト |
| 国際分業 | | 自給自足 | 産業単位<br>※生産と消費の分離 | タスク単位<br>※生産工程の分離 | 労働サービス単位 |
| 時代 | | ～1820年 | 1820～1990年 | 1990年～現在 | 未来 |

（『通商白書2019』）

問7　グローバル化とは一般的にどのようなことを意味するだろうか。 資料 11から抜き出そう。

問8　「第3次アンバンドリング」の世界では、どのようなことが想定されるだろうか。そして、あなたは、そのような未来についてどのように考えるか。

・想定されること

・未来についての考え

# 4 国際社会の変化

◆単元をつらぬく問い

国際社会がより複雑化するなかで私たちはどのような課題に直面し，どのように立ち向かっていけばよいのだろうか

**史実の確認**

## 1 冷戦の終結・ソ連の崩壊

テーマ　冷戦の終結はどのようにもたらされたのだろうか

**a．ソ連の減退と東欧の民主化**

・ソ連の（①　　　　　　　　　　　　　　　）（1979年）

　　→アメリカ…アフガニスタン支援、モスクワ＝オリンピックのボイコット呼びかけ

　　・「新冷戦」へ…レーガン米大統領による戦略防衛構想（SDI）など対ソ強硬策

　　　　　　　　　→「双子の赤字」：経常収支の赤字・財政赤字

・ソ連経済の沈滞…軍拡競争の反動、（②　　　　　　　　　　　）原子力発電所事故（1986年）

　　→ゴルバチョフの「（③　　　　　　　　）」（例）中距離核戦力全廃条約（1987年）

・東欧の民主化

　ポーランド…ワレサ率いる自主管理労働組合「（④　　　　　　　）」による民主化

　チェコスロヴァキア…ビロード革命により民主化（1989年）

　　　　　　　　　　→チェコとスロヴァキアの連邦解消（1993年）

　ルーマニア…チャウシェスク大統領の処刑（1989年）

　東ドイツ…「（⑤　　　　　　　　　）」の開放（1989年）　→西ドイツに併合（1990年）

・冷戦の終結…（⑥　　　　　　　　）（1989年）　ソ：ゴルバチョフ　米：ブッシュ

**b．ソ連の崩壊とユーゴスラビア紛争**

・ソ連の（⑦　　　　　　　　　　　）（建て直し）…資本主義の部分的導入

・連邦制の揺らぎ…バルト三国の独立、ロシア共和国内での急進派の台頭

　　→ソ連保守派によるクーデタ…エリツィンロシア共和国大統領らにより鎮圧

　　→ロシアを中心とする独立国家共同体（CIS）の誕生…ソ連崩壊

**c．ユーゴスラヴィア紛争**…多民族国家ユーゴスラヴィアの崩壊

・ティトー大統領死後…各共和国の指導者によるナショナリズムの扇動

　　→民族対立・宗教対立から（⑧　　　　　　　　）（エスニック・クレンジング）も

・ヨーロッパの介入…コソヴォ紛争では NATO が空爆を実施

まとめ　学習した知識と教科書等を参考に、単元のテーマを自分の言葉で説明してみよう。

## 2 世界構造の変化

テーマ　冷戦の終結によって世界はどのように変化したのだろうか

**a．世界の一体化**
・経済のグローバル化…国境を越えた人・モノ・資本の移動の自由が加速

**b．唯一の超大国としてのアメリカ**…軍事的・経済的に他国を超越した覇権国家

**c．地域統合の進展**…地域の安定や市場の拡大が目的

**d．地域紛争・民族対立の激化**
・（⑨　　　　　　　　　　）（1991年）…イラクのクウェートに侵攻に対し多国籍軍が攻撃
　　→オスロ合意（1993年）…パレスチナ暫定自治政府の発足（1994年）⇔イスラエルの圧迫

**e．民主化の波**
・中国
　学生を中心とする民主化要求→政府は武力で弾圧…（⑩　　　　　　　　　　）（1989年）
　（⑪　　　　　　　　　　）の導入…香港（1997年、イギリスより返還）、
　　　　　　　　　　　　　　　　マカオ（1999年、ポルトガルより返還）
　（⑫　　　　　　　　　　）による経済成長…2010年には GDP 世界2位の経済大国に
・朝鮮半島
　韓国の民主化…光州事件（1980年）のあとも民主化運動は収まらず
　　　　　　　　→大統領の直接選挙実施（1987年）
　南北融和へ…北朝鮮・韓国同時に国連加盟（1991年）、金大中韓国大統領による「太陽政策」
　緊張が続く情勢…北朝鮮の核保有問題、拉致問題、金一族による北朝鮮の独裁政権継続
・開発独裁の終焉…台湾・フィリピン・インドネシアなどで80年代から90年代にかけて民主化

**f．アフリカの変化**…民主化の一方で、民族紛争や内戦が頻発
・ソマリア：ソマリア内戦へのアメリカを中心とする多国籍軍の介入が失敗（1992〜95年）
・ルワンダ：ルワンダ大虐殺（1994年）…ツチ族とフツ族の対立
・南アフリカ：少数の白人による支配体制の崩壊
　・（⑬　　　　　　　　　　）撤廃（1991年）…政治犯の釈放や暴力の停止も含む
　・（⑭　　　　　　　　　　）大統領就任（1994年）…民族の融和は進むも格差は依然として存在

まとめ　学習した知識と教科書等を参考に、単元のテーマを自分の言葉で説明してみよう。

## 3 テロの時代

テーマ　対テロ戦争がさらに過激なテロを生んでいるのはなぜだろうか

### a. アメリカと中東

- （⑮　　　　　　　　　　　　）（2001年9月11日）…米本土でのハイジャック機による自爆攻撃
  - →（⑯　　　　　　　　　　　　　　）…アルカーイダをかくまったタリバーン政権を攻撃
- （⑰　　　　　　　　　　）（2003年）…大量破壊兵器保有疑惑のイラクを攻撃
  - →フセイン政権崩壊も新政府は安定せず

### b. 混迷化する中東情勢

- イラクの混乱…スンナ派とシーア派の対立、クルド人の民族運動の高揚
  - →権力の空白域の発生
- 「（⑱　　　　　　　　　　）」（2010～11年）…チュニジア・エジプト・リビアでの独裁政権打倒
  - →シリア…政府と反政府勢力の衝突に加え、過激派組織のISの参戦により内戦の泥沼化
  - →難民問題…シリア難民がヨーロッパまで流入

### c. テロの連鎖…「イスラームの脅威」意識の広がり　→人々の分断、不信の連鎖

（例）シャルリー・エブド襲撃事件（2015年）

まとめ　学習した知識と教科書等を参考に、単元のテーマを自分の言葉で説明してみよう。

- - - - - - - - - - - - - - - - - - - - - - - - - - - - - - - - - - - - - - - - - - - - - - - -

- - - - - - - - - - - - - - - - - - - - - - - - - - - - - - - - - - - - - - - - - - - - - - - -


## 4 現代の日本と世界

テーマ　グローバル化の進展に日本や世界はどのように向き合ってきたのだろうか

### A. 国際環境の変化と日本

### a. 日本における国際貢献の高まり

- 湾岸戦争（1990年）…巨額の資金協力と戦後に掃海艇を派遣するも国際社会から批判
  - →（⑲　　　　　　　　　　）の制定（1992年）…カンボジアなどへ自衛隊を派遣
- テロとの戦いへの協力…アフガニスタン戦争での給油活動やイラクの復興支援など

### b. 混迷する日本政治

- 55年体制の崩壊…非自民連立政権の細川護熙内閣の成立（1993年）
  - →選挙制度改革などの実施
- 保守・革新の対立軸の消滅…村山富市内閣の成立（1994年）　→社会党の自衛隊容認
- 相次ぐ政党の離合集散…民主党による政権交代が実現（2009年）もその後分裂

### c. 日本経済の低迷

- バブル経済の崩壊…大量の不良債権を抱えた金融機関の経営悪化
  - →個人消費も冷え込み、不況の長期化（平成不況）
- 市場開放・規制緩和の推進…（⑳　　　　　　　　　　　　　　　）に合わせるために改革

### d. 日本と災害

阪神・淡路大震災（1995年）、地下鉄サリン事件（1995年）、東日本大震災（2011年）

## B. 現代の諸課題

### a. 経済の一体化
- 自由貿易の推進…（㉑　　　　　　　　　　　）（WTO）発足（1995年）、地域での自由貿易協定締結
  - →経済のみならずルールの統一も　（例）（㉒　　　　　　　　　）（環太平洋パートナーシップ）協定
- 多国籍企業の台頭…複数の国に拠点を置き、多様な人々と協働⇔タックスヘイブンなどの問題
- 経済危機の広がり…リーマン＝ショックによる世界同時株安（2008年）、ユーロ危機（2009年）

### b. 情報化社会の進展
- 「第4次産業革命」…人工知能や情報通信技術などの発展　→経済や社会を大きく変える可能性
- フェイクニュースの拡散…時に悪意を持って人々を扇動し、社会が混乱することも

### c. 地球環境問題
- 「持続可能な開発」…将来の世代の生活に負荷をかけずに今の世代の幸福を追求する考え方
  - →（㉓　　　　　　　　　）（持続可能な開発目標）が国連サミットで採択（2015年）
- 温室効果ガス排出削減に向けて…京都議定書（1997年）、パリ協定（2015年）

### d. 排外主義の台頭
- 自国第一主義の台頭…保護貿易的な経済政策や国際協定からの離脱、移民や難民の排斥
  - →（㉔　　　　　　　　　　）と結びついて、大衆を扇動する政治になることも
- 権威主義体制の台頭…独裁者的な要素を持つ指導者の登場

### e. 「平等」な社会に向けて
- 広がる格差…富裕層と貧困層、先進国と発展途上国の間など
  （例）「ウォール街を占拠せよ」運動
- 多文化共生社会に向けて…依然として残る差別・偏見
  （例）先住民族、LGBTQ、人種問題など

### f. 揺れ動く世界
- アメリカ一極集中の終焉…新興国の台頭によるパワーバランスの変化
  - →多極化？　G2（米中による国際社会の主導）？　Gゼロ（無極化）？
- COVID-19（新型コロナウイルス）の世界的流行…グローバル化ゆえの大流行
  - →足並みの乱れた対策、国家間格差の可視化
- 世界秩序の揺れ動き
  - 新興国の台頭…現行の世界秩序の維持者かそれとも現状を変更しようとする者か
  - ロシアによるクリミア半島併合（2014年）やウクライナ侵攻（2022年）

まとめ　学習した知識と教科書等を参考に、単元のテーマを自分の言葉で説明してみよう。

# 1 冷戦の終結が日本や世界にどのような変化をもたらしたのだろうか

**資料 1　湾岸戦争終結後に掲載された新聞記事**

「ありがとうアメリカ。そして地球家族の国々」。イラクからの解放を国際社会に感謝するため、クウェート政府が11日付のワシントン・ポスト紙に掲載した全面広告の国名リストに、湾岸の当事国を除けば多国籍軍への世界最大の財政貢献国である「日本」がなかった。日本と同様、兵力の直接提供を拒んだドイツは載っている。……

日本政府は今のところ、この広告に対して措置をとることを「大人げない」として、あえて静観の構えだが、この広告が「評価されない日本」「何をしようとしているのか分からない日本」のイメージを一層定着させることを、恐れている。

(『朝日新聞』1991年3月12日)

**資料 2　湾岸戦争後の日本外交の反省**

湾岸危機の諸問題について日本が行った多額の資金協力を始めとする様々な協力は時間の経過とともに、国際的にも評価されるようになっている。しかし、湾岸危機の近況が国際社会を支配していた段階においては、日本の協力について「遅過ぎる、少な過ぎる」という批判や日本の協力に人的側面の協力が含まれていないことについての批判があった。

(外務省『1991年版外交青書』)

問1　**資料** 1、2から、湾岸戦争の対応で日本がどのような点で批判されたのか考えよう。

---

---

---

問2　日本の対応が批判された理由を、冷戦終結後の国際環境の変化と結び付けて考えよう。

---

---

---

**資料 3　PKO協力法成立を受けてのシンガポール政府の反応を伝える新聞記事**

PKO協力法の成立について、東南アジア諸国には肯定的な見方が広がっているが、シンガポール政府は十五日、改めて日本の国際貢献は平和的活動に限られるべきだ、と明確な歯止めを要求した。

同国は外務省が同法を「日本がカンボジアの国連活動を支援し、国際的責務を果たすことに道を開いた」と位置付ける一方で「非戦闘活動のみでの貢献が許されている」と平和的貢献だけに限定されていることを強調した。その上で、日本の軍事大国化への懸念については「過去の行為と将来の地域での役割をアジアの国々にどう示すかだ」と過去の謝罪を含めた日本の明確な態度表明にかかっていることを指摘した。

(『北海道新聞』1992年6月16日掲載)

　いま、戦後50周年の節目に当たり、われわれが銘記すべきことは、来し方を訪ねて歴史の教訓に学び、未来を望んで、人類社会の平和と繁栄への道を誤らないことであります。

　わが国は、遠くない過去の一時期、国策を誤り、戦争への道を歩んで国民を存亡の危機に陥れ、植民地支配と侵略によって、多くの国々、とりわけアジア諸国の人々に対して多大の損害と苦痛を与えました。私は、未来に誤ち無からしめんとするが故に、疑うべくもないこの歴史の事実を謙虚に受け止め、ここにあらためて痛切な反省の意を表し、心からのお詫びの気持ちを表明いたします。また、この歴史がもたらした内外すべての犠牲者に深い哀悼の念を捧げます。

　敗戦の日から50周年を迎えた今日、わが国は、深い反省に立ち、独善的なナショナリズムを排し、責任ある国際社会の一員として国際協調を促進し、それを通じて、平和の理念と民主主義とを押し広めていかなければなりません。

問 3 　日本の PKO への派遣決定はアジアにどのような反応をもたらしただろうか、資料 3 を参考に答えよう。

_____

_____


問 4 　冷戦の終結により、日本を取り巻く環境はどのように変わったのだろうか。次の⑴〜⑶について考えよう。

⑴アジアの一員としての日本を取り巻く環境はどのように変わったのか考えよう。

_____

_____

_____

⑵世界の一員としての日本を取り巻く環境はどのように変わったのか考えよう。

_____

_____

_____

⑶この先の日本にはどのような姿が求められているのか考えよう。

_____

_____

## 2 世界が直面する課題について考えよう

資料 5　**民主主義の広まり**（数字は国家の割合）（Freedom House、2020年）

|  | 1988-89 | 1995 | 2000 | 2005 | 2010 | 2015 | 2020 |
|---|---|---|---|---|---|---|---|
| 自由 | 36.1% | 39.8% | 44.8% | 46.4% | 44.9% | 44.1% | 42.1% |
| 半自由 | 26.5% | 32.5% | 30.2% | 30.2% | 30.9% | 30.3% | 30.3% |
| 不自由 | 37.5% | 27.8% | 25.0% | 23.4% | 24.2% | 25.7% | 27.7% |

資料 6　**アラブの春と雨傘運動**

**アラブの春に関する日本の記事**

　民衆蜂起で23年間続いた強権的なベンアリ政権が崩壊したチュニジアの政変が、インターネット上で「ジャスミン革命」と呼ばれ始めた。ジャスミンはチュニジアを代表する花。呼称が定着するかどうかは不明だが、今回の政変ではツイッターやユーチューブ、フェースブックといったネットメディアがデモ動員に大きな役割を果たしたことが特徴だ。

（共同通信2011年1月17日配信）

**香港での雨傘運動に関する日本の記事**

　2014年の香港大規模民主化デモ「雨傘運動」を率いた周庭さん（23）が電話インタビューに応じ、香港国家安全維持法を巡る米国による対中制裁の動きについては「米国だけでなく他の国々も懸念を示している。国際社会からの圧力は、とても重要だと思う」と語った。

（共同通信2020年6月29日配信）

問5　資料 5 、6 を参考にして、21世紀に、民主化運動が世界に広まっていった要因を考えよう。

資料 7　**反グローバリズムの考え方**（途上国グループ（G77）の首脳会合でのキューバのカストロ議長の発言（2000年））

　われわれはみな、（グローバリゼーションという）同じ船の乗客である。しかしこの船の乗客は、まるで違う状態で航海を続けている。ひと握りの乗客は、インターネットと携帯電話が備わった豪華客室で船旅を楽しんでいる。栄養とバランスのよい食事をたっぷり取り、きれいな水もある。先端医療や文化にも手が届く。一方、圧倒的多数の苦しむ人々は、植民地時代の奴隷船にも似た劣悪な環境で航海している。乗客の85％は汚い船倉の中でひしめき合い、飢えと病気と無力感に苛まれているのだ。

（山田敦「反グローバリゼーションの諸位相」『一橋法学』第1巻第2号、2002年）

## 資料 8　世界における富の偏在

　国際非政府組織（NGO）オックスファムは22日開幕した世界経済フォーラム年次総会（ダボス会議）に合わせ、世界の富の偏在に関する報告書を公表。世界の富豪上位26人が独占する資産は約1兆3700億ドル（約150兆円）に上り、世界人口の半数に当たる貧困層38億人が持つ資産とほぼ同額だと指摘した。

（共同通信2019年1月23日配信）

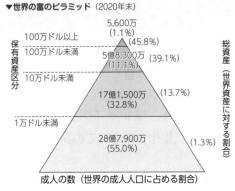

▼世界の富のピラミッド（2020年末）

保有資産区分
- 100万ドル以上
- 100万ドル未満
- 10万ドル未満
- 1万ドル未満

総資産（世界資産に対する割合）

- 5,600万（1.1%）…（45.8%）
- 5億8,300万（11.1%）…（39.1%）
- 17億1,500万（32.8%）…（13.7%）
- 28億7,900万（55.0%）…（1.3%）

成人の数（世界の成人人口に占める割合）

（『クレディ・スイス・グローバル・ウェルス・レポート2021年版』）

## 資料 9　ハンガリーでの動きを伝える記事

　ハンガリーの首都ブダペストで24日、性的少数者（LGBTなど）の権利を訴える恒例の「プライドマーチ」が開かれた。例年を上回る約3万人が参加し、教育現場で同性愛を扱うことなどを禁じた新法に抗議した。……

　プライドマーチの参加者らはCNNとのインタビューで、「単なる行進ではない。ハンガリーが欧州の仲間として平等を示せるかという問題だ」「性的少数者だけでなく、少数派全体が攻撃を受けていることに抗議する」などと話した。

（CNN.co.jp　2021年7月25日掲載）

## 資料 10　アメリカ大統領就任式でのトランプの演説

　私たちは一つの国家だ。私たちは心を一つに、一つの家で運命を共有する。

　中間層の富が奪われ、世界中にばらまかれた。だがそれは過去のことだ。今日から、新たな考え方でわが国を治める。米国が第一、だ。

（共同通信2017年1月21日配信）

問6　世界でナショナリズムや排外主義が台頭しているようにみえる背景を、資料7〜10をふまえて考えよう。

問7　20世紀末から、民主化運動が広がった一方で、排外主義が台頭している理由を考えよう。

# 現代の諸課題とグローバル化

◆ここまでの学習で、あなたの知識や理解は深まり、さまざまなことを考え、新たな疑問も出てきたのではないでしょうか?

ここでは、第4部「グローバル化と私たち」の学習を振り返りながら、「現代の諸課題とグローバル化」についての探究テーマの設定と、探究活動を行ってみましょう。

## 探究活動を始める前に

**1. 資料の見直しと新資料の読解**

第4部で示された資料全体を見直すとともに、次に示す新しい 資料 1〜4 も読み解いてみましょう。

**2. 自分が立てた「問い」の見直し**

あなたが第4部の最初に表現した「問い」や、途中で表現した「問い」を見直してみましょう。そのまま探究テーマにしてもよいですし、新たな発想をもとに探究テーマを設定してもよいです。

---

### 資料 1 　ドイツ再統一（1990年）にいたる西ドイツの外交政策

（ジャレド・ダイアモンド著、小川敏子・川上純子訳『危機と人類』下巻、日本経済新聞出版社、2019年）

　　ブラント〈西ドイツ首相、在職1969〜74年〉は新たな外交政策をとり、それまでの〈東ドイツなど東欧共産圏の国々に対する〉否認路線を覆した。東ドイツと条約を結び、ポーランドをはじめ他の東側諸国とも国交を樹立した。オーデル・ナイセ線をポーランドとドイツの国境線として認め、その線以東にあるドイツの領土すべての恒久的な喪失を受け入れた。そのなかには、シュレジエン、プロイセンの一部、ポメラニアなど、長いあいだドイツの領土でありドイツのアイデンティティの中心でもあった地域も含まれていた。……だがドイツの有権者はブラントの苦渋の選択を受け入れ、1972年の選挙でブラントの党は得票数をさらに伸ばして勝利した。

　　……ポーランドは、第二次世界大戦で人口に占める死者の割合がいちばん高かった国である。ナチス最大の強制収容所もこの国にあった。ポーランド人はナチスとしての反省をしようとしないドイツ人を、当然ながら忌み嫌っていた。ワルシャワを訪問したブラントは、1970年12月7日にワルシャワ・ゲットー〈ナチスに抵抗した多くのユダヤ人が犠牲となった場所〉を訪れ

た。……ポーランドの群衆の前でブラントはみずから進んでひざまずき、ナチスによる犠牲者数百万人を追悼し、ヒトラーの独裁と第二次世界大戦に対する赦しを求めた。ドイツ人への不信感を抱きつづけていたポーランド人ですら、ブラントの行為が計算ずくではなく心の底からの真摯なものであると理解できた。……

　　ブラントの行為が西ドイツに政治的な成果をもたらすのは、ワルシャワ・ゲットー訪問から20年後、1974年に首相を辞した後のことである。……ブラントの後に首相となったシュミット、そしてコールは、東ドイツと貿易するというブラントの政策を継承し、東側諸国との和解の道を探り、鉄のカーテンの両側の主要な国々の指導者たちと個人的に良好な関係を築くことに努めた。アメリカと〈何度もドイツと戦争したフランスなどの〉西欧は、西ドイツを民主国家としても同盟国としても信頼できるという結論に達した。ソ連とその傘下にある東側諸国にとって西ドイツは重要な貿易相手国となり、武力制圧や領土侵犯の脅威におびえる必要はないという結論が下されていた。

**資料 2　日本の未来の危機を解決するうえで障害となると考えられるもの**

（ジャレド・ダイアモンド著、小川敏子・川上純子訳『危機と人類』下巻）

ひとつめの障害は、環境の変化によって今の時代には合わなくなった伝統的価値観である。日本は減少しつつある世界の資源を持続可能な方法で入手するための国際協調を主導するのではなく、まるで資源がありあまっているかのように無制限に確保するための努力を継続している。もうひとつの障害は第二次世界大戦の捉えかたである。戦時中の日本の行動について、〈戦争の〉責任を受け入れるどころかむしろ自己憐憫や自国の被害者性ばかりに集中している。人生と同じく国の政治においても、責任を否定している限り問題の解決に進むことはできない。〈反日感情が蔓延する〉対中・対韓関係を改善したいなら、日本は責任を認めたドイツの例にならう必要があるだろう。

最後の障害は、いくつかの重要分野において、公正で現実的な自国認識が欠如していると思われる点だ。先ほど述べた資源輸入や第二次世界大戦の捉えかたもその例である。別の例としては、人口減少を防ぐことが何よりも重要だと誤解している点だ。現在1億2700万人の人口が2000万人に減ればたしかに問題は起こるだろうが、8000万人に減っても、何の不利ももたらさないどころか大きな利点が生まれると思

う。日本の近代史における呪縛であった資源輸入への渇望が減るからだ。……

もうひとつ、移民についても自国認識を改める必要がある。移民は高齢退職者に対する若い労働者の比率の減少、保育サービスの選択肢の少なさ、高齢者向け介護者の不足といった、とりわけ日本が深刻と捉えている諸問題の解決策として多くの国が採用している方法だ。日本の選択肢のひとつは、非常に成功しているカナダの移民プログラム、あるいはアメリカや南米に赴いた日系移民の経験を参考にすることだ。もうひとつの方法は、〈現在の日本の政策のまま〉移民にノーといいつづけ、他の方法、たとえば労働力から女性を排除している周知の障害〈さまざまな男女格差、育児・介護などの家事負担の女性への偏り、保育サービスの不足など〉を取り除いて日本人の労働力を増強し、保育サービス従事者、看護師、介護士について、一時滞在労働者ビザ発給の大幅増加を実施することだ。こうしたさまざまな解決策はよく知られているし、それぞれに長所と短所がある。必要なのは、困難を克服して解決策へのコンセンサスをとり、今日の思考停止状態を脱することである。

**資料 3　新自由主義とグローバル化がもたらしたアメリカ社会の分断**

（マイケル・サンデル著、鬼澤忍訳『実力も運のうち　能力主義は正義か？』早川書房、2021年）

コロナウイルス感染症が最も重くのしかかったのは、有色人種の人びとだった。彼らは、労働者を最大のリスクにさらす仕事に不釣り合いに多く就いていた。ラテンアメリカ系住民〈ラティーノまたはヒスパニック〉の死亡率は白人より22％高かったし、コロナウイルス感染症による黒人のアメリカ人の死亡率は、白人のアメリカ人よりも40％高かった。……

いっぽう、グローバルな市場、サプライチェーン、資本移動の経済的恩恵を手にした人びとは、

生産者としても消費者としても、自らの同胞への依存をますます減らすようになっていた。彼らの経済的展望やアイデンティティはもはや、地域や国のコミュニティを頼りとしてはいなかった。グローバリゼーションの勝者が敗者から距離を置いたとき、彼らは彼らなりのソーシャルディスタンス戦略を実行していたのだ。

勝者の説明によれば、……中央政府がぜひともやるべきことは、成功を左右する〈グローバル経済で競争して勝つための素養を身につける〉

教育を受ける平等な機会をあらゆる人に保証することだ。だが、そうなると、トップに立つ人びとは自分たちは成功に値すると考えるようにもなる。そして、機会が本当に平等なら、後れを取っている人びともまたその運命に値することになる。

成功についてこうした考え方をすれば、……高学歴のエリートは成功を自分の手柄と考えるだろうし、多くの労働者は成功者に見下されていると感じやすくなる……グローバリゼーションのせいで取り残された人びとが怒りに燃えるのはなぜか、エリートをののしり、国境の回復を強い口調で約束する〈ドナルド・トランプのような〉独裁的ポピュリストに引きつけられるのはなぜかが、これで理解しやすくなる。……

……この数十年間における不平等の爆発的拡大によって、〈貧困からの〉社会的上昇が活気づくことはなかった。それどころか、成功者がその優位性を確固たるものとし、自らの子供に受け渡すことができるようになったのだ。過去半世紀にわたり、名門大学は人種、宗教、ジェンダー、民族といった、かつて入学を特権階級の子息に制限していた障壁を取り除いてきた。大学進学適性試験（SAT）が生まれたのは、階級や家系ではなく学業成績に基づいて生徒を入学させることを保証するためだった。ところが、こんにちの能力主義は世襲の貴族社会へと硬直化してきたのだ。

〈名門大学の代表格〉ハーバード大学やスタンフォード大学の学生の3分の2は、所得規模で上位5分の1に当たる家庭の出身だ。気前のいい学資援助策にもかかわらず、アイビーリーグ〈アメリカ北東部の名門私立大学〉の学生のうち、下位5分の1に当たる家庭の出身者は4%にも満たない。ハーバード大学をはじめとするアイビーリーグの大学では、上位1%（年収63万ドル超）の家庭出身の学生のほうが、所得分布で下位半分に属する学生よりも多い。

勤勉で才能があれば誰もが出世できるというアメリカ人の信念は、もはや現場の事実にそぐわない。……

……エリートたちは、栄達へ至る道としても社会的敬意の土台としても、大学の学位に大きな価値を置いてきたため、能力主義が生み出すおごりや、大学に行っていない人に下す厳しい評価を理解するのが難しい。こうした態度こそ、ポピュリスト的反発とトランプの勝利の核心にあるものだ。

現在のアメリカ政治で最も深刻な政治的分断の一つは、大学の学位を持っている人びとと持っていない人びとのあいだに存在する。2016年の選挙では、トランプは大学の学位を持たない白人有権者の3分の2の票を獲得したが、ヒラリー・クリントンは上級学位（修士号あるいは博士号）を持つ有権者のあいだで圧勝した。イギリスのブレグジット〈EU離脱〉の国民投票でも同様の分断が現れた。大学教育を受けていない有権者は圧倒的にブレグジットへ賛成票を投じたが、大学院の学位を持つ有権者の大多数は残留に投票したのだ。

それから1年半後、ヒラリー・クリントンは自らの大統領選挙戦を振り返り、敗北の一因となった能力主義的なおごりを露わにした……「私はアメリカのGDP（国内総生産）の3分の2に相当する地位を獲得しました」「つまり、楽観的で、多様性があり、ダイナミックで、前へ進んでいる地位を勝ち取ったのです」。対照的に、トランプは「黒人が権利を手にするのが好きではない」「女性が……職に就くのが好きではない」人びとから支持を集めたという。クリントンはグローバリゼーションの勝者の票を獲得したが、トランプは敗者の票を得たのである。

民主党はかつて、特権階級に対抗して農民や労働者のために闘っていた。いまや能力主義の時代にあって、敗北した民主党の指導者は、国内でも裕福で意識の進んだ地域の住民が自分に投票したと言って自慢していたのだ。……

……能力の専制〈能力主義の強調〉を生み出すのは〈誰でも才能と努力に応じて出世できる

という〉出世のレトリックだけではない。能力の専制の土台には一連の態度と環境があり、それらが一つにまとまって、能力主義を有害なものにしてしまった。第一に、不平等が蔓延し、社会的流動性が停滞する状況の下で、われわれは自分の運命に責任を負っており、自分の手にするものに値する存在だというメッセージを繰り返すことは、連帯をむしばみ、グローバリゼーションに取り残された人びとの自信を失わせる。第二に、大学の学位は立派な仕事やまともな暮らしへの主要ルートだと強調することは、学歴偏重の偏見を生み出す。それは労働の尊厳を傷つけ、大学へ行かなかった人びとをおとしめる。第三に、社会的・政治的問題を最もうまく解決するのは、高度な教育を受けた価値中立的な専門家だと主張することは、テクノクラート〈技術的専門知識をもつ官僚〉的なうぬぼれである。それは民主主義を腐敗させ、一般市民の力を奪うことになる。

……労働者・中流階級世帯の購買力を増して不平等の埋め合わせをする、あるいはセーフティネットを補強するという政策提案は、いまや根深いものとなった怒りと反感への対処としては役に立たない。なぜなら、その怒りは〈自分の労働に対する〉承認と評価の喪失から来ているからだ。購買力の縮小は確かに問題だが、働く人びとの怒りを最もあおっているのは、生産者としての地位が被った損傷である。この損傷は、能力主義的な選別と市場主導のグローバリゼーションが相まって生じたものだ。

この損傷を認め、労働の尊厳の回復を目指す政治方針だけが、政治をかき乱す不満に対して有効に働きかけられる。……

こんにちの社会には、条件の平等があまりない。階級、人種、民族、信仰を超えて人びとが集う公共の場はきわめてまれだ。40年に及ぶ市場主導のグローバリゼーションが所得と富のきわめて顕著な不平等を生んだため、われわれは別々の暮らし方をするようになってしまった。裕福な人と、資力の乏しい人は、日々の生活で交わることがほとんどない。それぞれが別々の場所で暮らし、働き、買い物をし、遊ぶ。子供たちは別々の学校へ行く。そして、〈大学進学などの〉能力主義の選別装置が作動したあと、最上層にいる人は、自分は自らの成功に値し、最下層の人たちもその階層に値するという考えにあらがえなくなる。その考えが〈一部のポピュリズムにみられるように〉政治に悪意を吹き込み、党派色をいっそう強めたため、いまでは多くの人が、派閥の境界を超えた結びつきは異教徒との結婚よりもやっかいだと見なしている。われわれが大きな公共の問題についてともに考える力を失い、互いの言い分を聞く力さえ失ってしまったのも、無理はない。

……人はその才能に市場が与えるどんな富にも値するという能力主義的な信念は、連帯をほとんど不可能なプロジェクトにしてしまう。……われわれはどれほど頑張ったにしても、自分だけの力で身を立て、生きているのではないこと、才能を認めてくれる社会に生まれたのは幸運のおかげで、自分の手柄ではないことを認めなくてはならない。……そのような謙虚さが、われわれを分断する冷酷な成功の倫理から引き返すきっかけとなる。能力の専制を超えて、怨嗟の少ない、より寛容な公共生活へ向かわせてくれるのだ。

**資料 4** (Statistical Abstract of the United States)

**図1　アメリカ合衆国の出身地別移民数の変化**

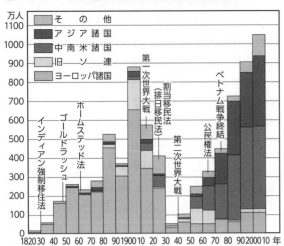

**図2　アメリカの人種・民族別人口の割合**
（2019年、総人口 3億2824万人）

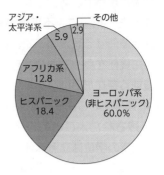

**図3　アメリカの人種・民族別の年収別世帯数の割合**（2019年）

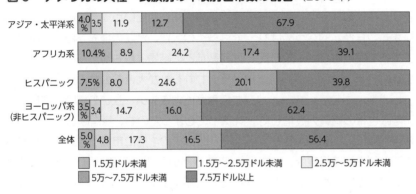

**問1　資料 1 - 4 から何を読み取ったか？**

## テーマの設定

### あなたの探究主題（テーマ）

### あなたの課題（問い）

### あなたはなぜ、そのテーマや問いを設定したのか？

### そのテーマの探究は、あなたにとってどのような意味をもつのか？

### そのテーマの探究は、あなた以外の人々や社会にとって、どのような意味をもつのか？

### あなたの設定したテーマ・問いの予想（仮説）を、これまでの「歴史総合」の学習を基に立ててみよう。

**以下の点に留意して、レポートにまとめましょう。**

　探究活動をおこなうにあたり、次のようなことを意識して取り組むと、質の高いレポートにまとめることができます。

【 知　識　・　技　能 】　諸資料から様々な情報を適切かつ効果的に調べ、自分の見解を裏付ける根拠を明示しよう（どのような史実、何の資料に基づいているのか）。

【思 考・判 断・表 現】　複数の視点・論点から多角的・多面的に考察し、考察したことをわかりやすく説明しよう。

【主体的に取り組む態度】　現代社会に生きる当事者として、よりよい社会の実現を視野に自ら課題を解決しようという姿勢を持とう。

**参考文献・資料一覧**

著者名『タイトル』（出版社名、出版年）の情報やインターネット情報をまとめましょう。
（例）マイケル・サンデル『実力も運のうち　能力主義は正義か？』（早川書房、2021年）
　　　「電子商取引に関する市場調査」（経済産業省 HP）

これまでの第2部「近代化」、第3部「国際秩序の変化や大衆化」、第4部「グローバル化」の学習を振り返りながら、歴史総合の学習内容全体からテーマを設定し、探究活動を行ってみましょう。

## 過去・現在・未来の人々の「統合」「同化」「共生」について探究してみよう

国民国家のゆらぎ、ポピュリズムや自国第一主義の台頭、移民・難民への攻撃、貧富の格差の拡大など、「グローバル化」の時代に生きる私たちが直面する諸問題は、「近代化」（国民国家の形成）に起源をもち、「大衆化」の時代に変遷してきたものです。

近現代の「国民国家」を念頭に、ある国・地域における人々の「統合」と「分化」、「同化」と「異化」、「共生」と「分断」の歴史や課題に焦点を当てて、その起源や変遷についてこれまでの学習内容を再構成し、より詳しく調べて掘り下げて探究してみよう（一つの国・地域を取り上げてもよいし、複数を比較してもよい）。

準備 1　**あなたが探究してみたいと思ったことを書き出してみよう。**

準備 2　**あなたが探究してみたいと思ったことの起源や変遷について、教科書の記述やこの問題集の記述・資料をさらって時系列にメモしてみよう（複数の国・地域の比較の場合は、共通点や相違点なども挙げましょう）。**

準備 3　あなたが特に詳しく掘り下げてみたいと思ったことを書き出して、そのための参考文献・資料を探してメモしてみよう。

テーマの設定

**あなたの探究主題（テーマ）**

**あなたの課題（問い）**

**あなたはなぜ、そのテーマや問いを設定したのか？**

**そのテーマの探究は、あなたにとってどのような意味をもつのか？**

**そのテーマの探究は、あなた以外の人々や社会にとって、どのような意味をもつのか？**

**設定したテーマ・問いの予想（仮説）を、これまでの「歴史総合」の学習をもとに立ててみよう。**

## 探究のまとめ
**p.140 の留意事項を意識して、質の高いレポートにまとめましょう。**

**参考文献・資料一覧**

| | 南北アメリカ・オセアニア | ヨーロッパ | アフリカ，西・中央アジア |
|---|---|---|---|
| **1700** | | 00 北方戦争（〜21） | |
| | | 01 プロイセン王国成立，スペイン継承戦争（〜13） | |
| | | 40 （普）フリードリヒ2世即位，（墺）マリア・テレジア即位，オーストリア継承戦争（〜48） | 36 サファヴィー朝の滅亡 |
| | 68 英人クック，南太平洋探検 | 56 七年戦争（〜63，パリ条約）○（英）産業革命 | |
| | 75 アメリカ独立戦争（〜83）→76 独立宣言 | 72 ポーランド分割（93，95） | |
| | 88 オーストラリア，英の流刑地となる | 89 フランス革命（〜99）→92 第一共和政 | 96 カージャール朝，イランを統一（〜1925） |
| | | | 98 ナポレオンのエジプト遠征 |
| **1800** | 04 ハイチ独立 | 04 ナポレオン，皇帝即位（第一帝政，〜14） | 05 ムハンマド・アリー，エジプト太守となり改革実施 |
| | | 06 （独）神聖ローマ帝国滅亡，ナポレオンの大陸封鎖令 | 11 エジプト，事実上の独立 |
| | 12 アメリカ・イギリス戦争（〜14） | 12 ナポレオンのロシア遠征 | |
| | ○ラテンアメリカ諸国の独立 | 13 諸国民戦争 | |
| | | 14 ナポレオン退位，ウィーン会議 | 28 ロシアとカージャール朝間にトルコマンチャーイ条約 |
| | 23 （米）モンロー宣言 | 21 ギリシア独立戦争（〜29） | 30 仏，アルジェリア遠征 |
| | 29 英，オーストラリア大陸全域を植民地化 | 25 （露）デカブリストの乱 | 31 第1次エジプト・トルコ戦争（〜33）○東方問題おこる |
| | | 30 （仏）七月革命→31 ベルギー独立 | 38 第1次アフガン戦争（〜42） |
| | 40 英，ニュージーランドを植民地化 | 32 （英）第1回選挙法改正 | 39 第2次エジプト・トルコ戦争（〜42） |
| | | 38 （英）チャーティスト，人民憲章発表 | 43 英人リヴィングストンのアフリカ探検はじまる |
| | 46 アメリカ・メキシコ戦争（〜48） | 48 （仏）二月革命→第二共和政（独）三月革命 | 48 イランでバーブ教徒の乱 |
| **1850** | | 51 ロンドンで第1回万国博覧会 | |
| | 61 （米）南北戦争（〜65） | 52 （仏）ナポレオン3世即位（第二帝政，〜70） | |
| | | 53 クリミア戦争（〜56） | |
| | 63 （米）リンカンの奴隷解放宣言 | 61 （露）農奴解放令，イタリア王国成立 | 59 スエズ運河着工 |
| | | 64 第一インターナショナル結成 | |
| | 67 カナダ，英の初の自治領となる | 66 プロイセン・オーストリア戦争→オーストリア・ハンガリー帝国成立 | 69 スエズ運河開通 |
| | 69 （米）大陸横断鉄道開通 | | 75 英，スエズ運河株買収 |
| | | 70 普仏（プロイセン・フランス）戦争（〜71），フランス第三共和政 | 76 オスマン帝国，ミドハト憲法発布 |
| | | 71 ドイツ帝国成立，パリ・コミューン | 77 露土（ロシア・トルコ）戦争（〜78，サン・ステファノ条約） |
| | | 78 ベルリン会議 | 78 第2次アフガン戦争（〜80） |
| | 98 米西（アメリカ・スペイン）戦争→（米）ハワイ，グアム，フィリピン併合 | 82 独墺伊三国同盟 | 81 ウラービー運動（〜82） |
| | | 91 露仏同盟 | マフディー運動（〜98），仏，チュニジアを保護国化 |
| | | | 98 英仏，ファショダ事件 |
| | | | 99 南アフリカ戦争（〜1902） |
| **1900** | 01 オーストラリア連邦成立 | 04 英仏協商 | 05 イランで立憲運動，第1次モロッコ事件 |
| | 07 ニュージーランド，英の自治領となる | 05 （露）血の日曜日事件（第1次ロシア革命） | 08 青年トルコ人革命，政権掌握 |
| | | 07 英露協商 | 10 英領南アフリカ連邦成立 |
| | 10 メキシコ革命（〜17） | | 11 第2次モロッコ事件，イタリア・トルコ戦争（〜12） |
| | | | 12 第1次バルカン戦争 |
| | | | 13 第2次バルカン戦争 |
| | 14 パナマ運河開通 | 14 サライェヴォ事件→第一次世界大戦勃発（〜18） | 15 フセイン・マクマホン協定 |
| | | | 16 サイクス・ピコ協定 |
| | 17 （米）第一次世界大戦参戦 | 17 （露）三月革命，十一月革命 | 17 バルフォア宣言 |
| | | 18 ウィルソンの十四か条，対ソ干渉戦争 | |
| | | 19 パリ講和会議→ヴェルサイユ条約，コミンテルン結成 | 19 ギリシア・トルコ戦争（〜22），第3次アフガン戦争 |
| | | 20 国際連盟成立 | 20 トルコ，セーヴル条約 |

| 南・東南アジア | 東・北アジア | 日　本 | |
|---|---|---|---|
| | | | 1700 |
| 10 シク教徒の反乱<br>52 ビルマでコンバウン朝成立<br>57 プラッシーの戦い（英のインド支配確立）<br>65 英東インド会社，ベンガルなどの徴税権獲得<br>67 マイソール戦争（69，80〜84，90〜92，99）で英の勝利<br>73 ベトナム，西山党の乱（〜1802）<br>75 マラーター戦争（〜82，1803〜05，17〜19）<br>82 タイにチャクリ（バンコク）朝成立 | 18 清，チベット征服<br>23 清，キリスト教の布教禁止<br>27 清，ロシアとキャフタ条約<br>32 清，軍機処設置<br>57 清，外国貿易を広州1港に限定<br>58 清，ジュンガル征服<br>59 清，回部を征服 →新疆と命名<br>93 英使節マカートニー，北京に来る<br>96 白蓮教徒の乱（〜1804），アヘンの輸入禁止 | 16 享保の改革（〜45）<br><br><br><br><br>72 田沼意次，老中となる<br>87 寛政の改革（〜93）<br>92 ロシア使節ラクスマン，根室に来航 | |
| | | | 1800 |
| 02 ベトナム，阮朝成立（〜1945）→国号を越南<br>13 英東インド会社の貿易独占権廃止<br>15 英，ウィーン議定書によりセイロン獲得<br>19 英，シンガポール領有<br>24 第1次ビルマ戦争（〜26），英，マラッカ獲得<br>26 海峡植民地成立<br>30 蘭，ジャワで強制栽培制度開始<br>33 英東インド会社の商業活動停止<br><br>45 シク戦争<br>49 英，パンジャーブ併合 | 16 英使節アマースト，北京に来る<br><br><br><br><br><br>39 林則徐を広州に派遣<br>40 アヘン戦争（〜42）<br>42 南京条約 | 04 ロシア使節レザノフ，長崎に来航<br>08 間宮林蔵，樺太探検<br><br><br>23 独人シーボルト，長崎に来航<br>25 異国船打払令<br><br><br>41 天保の改革（〜43） | |
| | | | 1850 |
| 52 第2次ビルマ戦争（〜53）<br>57 インド大反乱（〜59）<br>58 ムガル帝国滅亡，仏越戦争（〜62）<br>63 仏，カンボジア保護国化<br>67 仏，全コーチシナ獲得<br>77 インド帝国成立（〜1947）<br>83 ユエ条約（仏，ベトナムを保護国化）<br>84 清仏戦争（〜85），第3次ビルマ戦争（86）→ビルマ，インド帝国に併合<br>85 インド国民会議成立<br>87 インドシナ連邦（仏領）成立（〜1945）<br>93 仏，ラオスを保護国化，インドシナ連邦に編入<br>95 英領マレー連合州成立 | 51 太平天国の乱（〜64）<br>56 アロー戦争<br>58 アイグン条約，天津条約<br>60 北京条約，洋務運動（〜94）<br>62 清，同治中興（〜74）<br><br>74 日本，台湾出兵<br>75 江華島事件<br>76 日朝修好条規，朝鮮開国<br><br>81 イリ条約<br><br>94 甲午農民戦争，日清戦争（〜95）<br>97 朝鮮，国号を大韓と改称<br>98 戊戌の政変 | 53 米使節ペリー来航<br>54 日米和親条約<br>58 日米修好通商条約<br><br><br><br>68 明治維新<br>75 樺太・千島交換条約<br><br>79 琉球処分<br>89 大日本帝国憲法発布<br><br><br>95 下関条約，三国干渉 | |
| 04 蘭領東インド成立<br>05 ベンガル分割令，タイ，チュラロンコン大王の近代化，（越）ファン・ボイ・チャウらの東遊運動<br>06 全インド・ムスリム連盟結成，インド国民会議カルカッタ大会 | 00 義和団事件（〜01 北京議定書）<br>05 孫文，中国同盟会結成，清，科挙廃止<br><br>10 日本，韓国を併合<br>11 辛亥革命<br>12 中華民国成立，清朝滅亡 | 04 日露戦争（〜05）<br>05 ポーツマス条約<br><br><br><br><br>14 第一次世界大戦に参戦<br>15 二十一か条要求<br><br><br>18 シベリア出兵（〜22） | 1900 |
| 19 ガンディーの不服従運動開始<br><br>20 インドネシア共産党結成 | 19 三・一運動，五・四運動，中国国民党成立 | | |

# 年表（1900 年代 ～）

| 南北アメリカ・オセアニア | ヨーロッパ | アフリカ，西・中央アジア |
|---|---|---|
| | 21 （ソ）新経済政策（～ 28） | 22 トルコ革命（オスマン帝国滅亡），エジプト王国成立 |
| | 22 （伊）ムッソリーニ，ローマ進軍，ソヴィエト連邦成立 | 23 トルコ，ローザンヌ条約調印，共和制樹立 |
| | 25 ロカルノ条約 | 25 イランにパフレヴィー朝成立，トルコ，政教分離 |
| 29 （米）「暗黒の木曜日」→世界恐慌 | 28 不戦条約，（ソ）第1次五か年計画 | 32 サウジアラビア王国成立，イラク王国独立 |
| 33 （米）F.ローズヴェルト大統領就任 | 33 ナチ党政権成立 | 35 イタリアのエチオピア侵入 |
| | 36 スペイン内戦，（ソ）スターリン憲法制定 | |
| | 38 ミュンヘン会談 | |
| | 39 独ソ不可侵条約，第二次世界大戦勃発（～ 45） | |
| | 40 日独伊三国同盟 | 44 シリア共和国独立 |
| 41 日本による真珠湾攻撃→（米）アジア太平洋戦争（～ 45） | 41 独ソ戦勃発，米英首脳の大西洋憲章 | 45 アラブ連盟結成 |
| | 45 ヤルタ会談，ドイツ降伏，ポツダム会談，国際連合成立 | 46 ヨルダン王国成立 |
| 47 （米）トルーマン・ドクトリン→マーシャル・プラン発表 | | 47 国連，パレスチナ分割案 |
| | 49 コメコン結成，NATO結成，東西ドイツ成立 | 48 イスラエル共和国建国 →第1次中東戦争 |
| **1950** | | 51 イラン，石油国有化，リビア独立 |
| 54 （米）ビキニ水爆実験 | 55 ワルシャワ条約機構結成，西独，NATO加盟 | 52 エジプト革命 →共和国宣言 |
| | 56 スターリン批判，ポーランドとハンガリーで反ソ暴動 | 56 エジプト，スエズ運河国有化→第2次中東戦争（～ 57） |
| | 57 EEC調印 | 57 ガーナ独立 |
| 59 キューバ革命，米ソ首脳のキャンプ・デーヴィッド会談 | | 60 「アフリカの年」，OPEC（石油輸出国機構）結成 |
| 62 キューバ危機 | 61 東独，ベルリンの壁構築，非同盟諸国首脳会議（ベオグラード） | 62 アルジェリア独立 |
| 64 （米）公民権法の成立 | 67 EC発足 | 63 OAU（アフリカ統一機構）結成 |
| | 68 ソ連と東欧軍のチェコ侵入 | 67 第3次中東戦争 |
| 71 （米）ドル危機，変動相場制に移行 | 72 国連人間環境会議 | 73 第4次中東戦争→第1次石油危機 |
| | 75 第1回サミット | 79 イラン革命→第2次石油危機，ソ連，アフガニスタン軍事介入 |
| | 86 （ソ）チェルノブイリ原子力発電所事故 | 80 イラン・イラク戦争（～ 88） |
| 87 米ソ，INF全廃条約 | 89 東欧民主化，米ソ首脳のマルタ会談（冷戦終結） | |
| | 90 東西ドイツ再統一 | 90 イラク，クウェートを制圧 |
| | 91 （ソ）バルト三国独立，CIS成立，ソヴィエト連邦解体 | 91 湾岸戦争 |
| | 93 EU発足 | 93 パレスチナ暫定自治協定 |
| | 99 NATO軍，セルビア空爆，ヨーロッパ統一通貨「ユーロ」誕生 | 94 南アフリカ，マンデラ大統領就任（初の黒人大統領） |
| **2000** | | |
| 01 （米）同時多発テロ事件 | | 01 アフガニスタンのターリバーン政権崩壊 |
| | | 02 AU（アフリカ連合）発足 |
| | 04 EUに中東欧などの10 か国加盟 | 03 イラク戦争 |
| | 07 EUに東欧2か国が加盟，27 か国に拡大 | 05 イスラエル軍，ガザ地区より撤退 |
| 08 キューバ，カストロ退任 | | 06 イスラエル軍，レバノンに侵攻 |
| | | 11 西アジアと北アフリカで民主化運動拡大 |
| 15 米・キューバ，国交回復 | | 12 国連総会で「パレスチナは国家」決議採択 |
| 17 国連会議で核兵器禁止条約採択（2021 発効） | 20 英，EU離脱 | 21 アフガニスタンでターリバーンが政権掌握 |

| 南・東南アジア | 東・北アジア | 日　本 | |
|---|---|---|---|
| | 21 中国共産党成立 | 21 ワシントン会議 | |
| 29 インド国民会議ラホール大会，完全独立決議，ホー・チ・ミン，インドシナ共産党結成 | 24 第1次国共合作<br>26 国民党の北伐開始 | 23 関東大震災<br>25 治安維持法，普通選挙制成立 | |
| 30 ガンディー，第2次不服従運動（～34），塩の行進，第1回英印円卓会議（ロンドン） | 31 満州事変（→32 満州国成立） | 30 金解禁，ロンドン海軍軍縮会議<br>32 五・一五事件 | |
| 32 タイ，民主革命（立憲民主制に移行）<br>35 新インド統治法 →ビルマ，インドから分離<br>40 日本軍，仏領インドシナ進駐 | 34 中国共産党の長征（～36）<br>37 盧溝橋事件 →日中戦争勃発（～45），第2次国共合作 | 33 国際連盟脱退<br>36 二・二六事件<br>40 日独伊三国同盟 | |
| 41 ホー・チ・ミン，ベトナム独立同盟結成 | 39 ノモンハン事件 | 41 日ソ中立条約，真珠湾攻撃 →アジア太平洋戦争（～45） | |
| 42 日本軍，東南アジア各地を占領<br>45 ベトナム民主共和国成立，インドネシア共和国独立 | | 42 ミッドウェー海戦<br>45 広島と長崎に原爆投下，ポツダム宣言受諾 | |
| 46 インドシナ戦争勃発，フィリピン共和国成立 | | 46 日本国憲法公布 | |
| 47 インド連邦とパキスタン，分離独立 | 48 大韓民国，朝鮮民主主義人民共和国成立 | | |
| 48 ビルマ連邦成立<br>49 ベトナム国成立 | 49 中華人民共和国成立 | | |
| | | | 1950 |
| 50 インド共和国成立 | 50 朝鮮戦争勃発（～53），中ソ友好同盟相互援助条約 | 51 サンフランシスコ平和条約，日米安全保障条約 | |
| 54 ジュネーヴ協定（インドシナ戦争休戦） | 53 (中)第1次五か年計画，朝鮮休戦協定 | 54 防衛庁，自衛隊発足<br>55 55年体制（～93） | |
| 55 第1回アジア・アフリカ会議（バンドン会議） | | 56 日ソ国交回復，国連加盟<br>○高度経済成長 | |
| 57 マラヤ連邦独立 | 58 (中)人民公社組織開始 | | |
| 59 シンガポール独立 | 59 チベット反乱 | | |
| 60 南ベトナム解放民族戦線結成 | 60 (韓)反政府暴動，李承晩大統領失脚 | 60 日米新安全保障条約 | |
| 62 中印国境紛争 | 61 (韓)軍事クーデタ，朴正煕実権掌握 | 64 オリンピック東京大会，OECD加盟 | |
| 63 マレーシア連邦成立<br>65 米軍，北爆開始，インドネシア，九・三〇事件 | 66 (中)文化大革命（～76） | 65 日韓基本条約 | |
| 71 バングラデシュの独立，印パ戦争 | 69 中ソ国境紛争<br>71 中華人民共和国の国連代表権承認 | 72 沖縄返還，日中共同声明 | |
| 73 米，ベトナムより撤兵，ベトナム和平協定調印 | | | |
| 75 ベトナム戦争終結 | 79 米中国交正常化 | 78 日中平和友好条約 | |
| 79 中越戦争 | 88 オリンピックソウル大会<br>89 (中)天安門事件 | 85 男女雇用機会均等法制定，プラザ合意 | |
| 91 カンボジア和平最終合意文書調印 | 91 南北朝鮮の国連同時加盟 | 92 自衛隊，PKOに参加<br>93 55年体制崩壊 | |
| 98 インドとパキスタン，地下核実験 | 97 香港，中国に返還<br>99 マカオ，中国に返還 | 95 阪神・淡路大震災，地下鉄サリン事件 | |
| | | | 2000 |
| | 00 初の南北朝鮮の首脳会談 | | |
| 02 東ティモール，インドネシアから独立 | 01 中国，WTO（世界貿易機関）に加盟 | | |
| 04 スマトラ沖大地震,インド洋大津波 | 06 (北朝鮮)初の地下核実験 | 03 有事法制関連三法成立<br>04 イラクへ自衛隊派遣 | |
| | 08 オリンピック北京大会 | 09 総選挙で民主党へ政権交代（～12）<br>11 東日本大震災，福島第一原子力発電所事故 | |
| 21 ミャンマーで国軍によるクーデタ発生 | 20 香港国家安全維持法施行 | 20 新型コロナウイルス感染症の世界的大流行 | |

※学習の中で出てくる都市名・地名などを自由に書き込み、自分の世界地図を作ろう

**執筆協力者**（執筆順　＊編集責任者）

＊本間　靖章

＊渡邉　大輔

＊今井　一吉

＊奥田　尚

　榊原　康文

　佐野　祐子

　斎藤　善之

　町田　哲

　葛西　魁人

　岸　　百合子

　千葉　康平

　木村　拓貴

　北嶋　靖之

　酒井　絵里

　菊池　真哉

　信田　麻紀子

　米田　知己

【カバー・表紙・ページデザイン】
ペニーレイン

---

史資料と問いから考える　**歴史総合トレーニング**

---

編著者　北海道高等学校世界史研究会　2024年2月15日　第2刷発行
発行者　野村　久一郎
印刷所　広研印刷株式会社

---

発行所　**株式会社　清水書院**

　　　　〒102-0072　東京都千代田区飯田橋3-11-6

　　　　☎03(5213)7151

　　　　振替　00130-3-5283

---

ISBN978-4-389-21876-8

史資料と問いから考える

# 歴史総合

## トレーニング

解答編

### 歴史の扉　　　　　　　　　　　　→ p.6 ～

①戦争の時　②明治 22 年　③開拓　④警備（防備）
⑤入植者　⑥日露　⑦日中　⑧太平洋

**ワーク1**（例）
・私たちの食べている洋菓子や洋食（パン食・アイスクリームなど）
・外国に輸出されている地場産業の製品（木綿・和紙など）
・学校の日課（タイム＝ディシプリンと近代化など）
・地域ゆかりの人物（北海道の新渡戸稲造、愛知県の杉原千畝など）
・地域の史跡や歴史的な街並み（広島県の平和記念公園、神奈川県の横浜中華街など）

**ワーク2**（例）
・条約、法令などの公文書
・手紙、日記などの私文書
・新聞、雑誌などの出版物
・風刺画、ポスター、絵画、写真などの図像資料
・映像資料
・口述筆記（オーラルヒストリー）

**ワーク3**（例）資料を読み解く際には、誰が何のために残した資料であるかを明らかにしたうえで、資料作成者の意図に気を付けながら、史実の知識などと照らし合わせて、様々な角度から読み解くことが必要である。また、自分の主観が資料の読み解きに反映されないように、資料から客観的に読み取ることができる情報と、自分が考えた考察とを区別しなければならない。

### 「近代化と私たち」の問いを表現する
→ p.10 ～

**問1**(1)○　(2)×　(3)○　(4)×　(5)○
**問2**（例）
**アジア**：産業革命を達成したイギリスのアジア進出に伴うインド・中国経済の衰退と、インド大反乱・アヘン戦争等を通じた政治的従属。
**欧米**：市民革命を通じた政治的近代化と、産業革命による産業資本主義経済の成立。その背景には大航海時代以降の世界進出に伴う植民地という原料供給地兼市場の存在があった。
**問3**　ウ
**問4**（例）
**欧米**：アメリカからは、産業革命を達成したイギリスの原料・食料供給地として、綿花や小麦の輸出が拡大した。
**欧亜**：インドからは、18 世紀は綿布が輸出されていたが 19 世紀には綿花に変化している。中国からは陶磁器の輸出が拡大している。ゴムなど工業製品の原料の輸出も見られる。
**問5**（例）
**読み取れること**：北・中米を見ると 18 世紀に拡大した奴隷貿易が 19 世紀に急激に減少しているが、ブラジルを見ると 19 世紀も引き続き大規模に奴隷貿易を行っていたことが分かる。
**奴隷貿易廃止**：1807 ～ 8 年にイギリスとアメリカで奴隷貿易廃止、1833 年にイギリスで奴隷制廃止、1848 年にフランスで奴隷制廃止、1865 年にアメリカで奴隷制廃止、1888 年にブラジルで奴隷制廃止。
**問6**（例）
**19 世紀前半**：アイルランドと北・中・西欧からの移民が増加している。その要因としては、奴隷制や奴隷貿易の廃止に伴う代替労働力需要の高まりや、1845 年に始まったアイルランドのジャガイモ飢饉、1848 年にカリフォルニアで金脈が発見されたことに伴うゴールドラッシュ、帆船の技術改良や蒸気船の普及に伴う交通革命などがあげられる。
**世紀転換期**：東欧、南欧やアジアからの移民が増加している。その要因としては、奴隷制や奴隷貿易の廃止、西欧の産業革命進行に伴う代替労働力需要の高まり、清の半植民地化に伴う経済的困窮などがあげられる。
**問7**（例）
**背景**：綿花栽培のような、生活に必要だけれども単調で骨の折れる作業に従事する集団が必要だったから。
**論理**：（当時の意見として）黒人は劣等人種であるだけでなく、気質、熱意、従順さといった条件に適合しているうえ、身分的にも改善できる。
**問題**：大農園での労働力不足という問題が生じ、中国の貧しい人々を代わりに連れてくることで解決しようとした。
**日本**：メリットは労働力不足の解消や求職競争の拡大に伴う賃金コストの削減、多様性の拡大などが考えられる。リスクは多様性の拡大に伴う社会不安や移民の人権問題などが考えられる。

問8　資料5-1：コレラ　資料5-2：ペスト

問9　（例）蒸気船や蒸気機関車の普及に伴う、人とモノの移動の拡大と、それによって免疫を持たない感染症に接触する機会が拡大したこと。また、労働者や兵士の劣悪な労働環境と生活環境も要因としてあげられる。

**問いを表現**

近代化：（例）封建的諸制度が崩壊する中で生じる、政治的（例えば市民革命や民主主義の成立、人権概念の浸透や奴隷制の廃止）・経済的（産業革命と資本主義の成立）・社会的（自律した個人の集合体としての国民国家の形成）な変容のこと。

ポイント　各自のまとめの妥当性については、第2部「近代化と私たち」の学習を通じて確認し、必要に応じて自身のまとめを修正しよう。

**問い（事例）**

「**交通と貿易**」：19世紀の交通と貿易の拡大は、現代の日本や私たちにどのような影響を与えているのだろうか。

「**産業と人口**」：産業革命は世界をどのように変えたのだろうか。

「**権利意識と政治参加や国民の義務**」：なぜ現在でも自由や平等を求める動きはなくならないのだろうか。それは19世紀の動きとどのように違うのだろうか。

「**学校教育**」：近代に成立した公教育は本当に正しいものだったのだろうか。

「**労働と家族**」：近代化に伴い労働や家族のあり方はどのように変化し、こんにちのようなスタイルになっていったのだろうか。

「**移民**」：近代以降の移民の増加は、現代のグローバル化の進展とどのような関係にあり、またその相違点は何だろうか。

ポイント　第2部「近代化と私たち」の学習を通じて、問いが検証できるようなものであるとなおよい。

## 1　18世紀のアジア経済と社会　→ p.14 〜

### 史実の確認

①康熙　②雍正　③乾隆　④朝貢　⑤冊封体制　⑥広州
⑦参勤交代　⑧幕藩体制　⑨鎖国　⑩長崎　⑪対馬
⑫薩摩　⑬松前　⑭オランダ風説書　⑮朝鮮通信使
⑯慶賀使　⑰蝦夷錦　⑱場所請負制　⑲昆布　⑳黒糖
㉑北前船　㉒俵物　㉓金肥　㉔養蚕　㉕田沼意次
㉖天明の飢饉　㉗松平定信　㉘百姓一揆　㉙打ちこわし
㉚東インド会社　㉛コーヒー　㉜紅茶　㉝砂糖　㉞陶磁器
㉟綿織物　㊱生活革命　㊲啓蒙思想

### 史料・資料を読む

**問1**　（例）清朝は満州族（女真）の軍事的力を背景に中国を征服したが、長期的に支配を安定させるためには、科挙を実施して伝統的儒教秩序を背景に中国統治を安定させる必要があった。他方で自らの統治が「異民族統治」であるとの批判を抑えるために「文字の獄」などの思想弾圧を行い、辮髪を強制することで外見による侮蔑や反抗が起きないようにした。こうした飴と鞭の政策を清朝は展開した。

**問2**　（例）清朝は支配民族である満州族の故地、満州と中

国本土、最後まで明の勢力が抵抗した台湾を直轄地とする一方で、モンゴル高原や西部の諸民族、チベットなどでは各地の民族に自治を行わせ、理藩院を設けて緩やかな統治を行い統治への反発が行われないようにした。また直接的な支配が及ばない地域には、中国の伝統的な冊封体制を及ぼして形式的な秩序を維持して「世界支配」の体制を整えた。

**問3**　（例）秀吉の朝鮮出兵に対して明が朝鮮に援軍を派遣した経緯から日本と中国の関係は悪化していた。江戸幕府は明に続く清朝と平和的な関係を結ぶ一方で、冊封や朝貢という従属関係を清朝と結ぶことを避けた。そのため、長崎で実利を求めて「私貿易」という形で中国との民間貿易を行った。また対外貿易で西国の諸大名が利益を得ることを嫌い、中国を含む対外貿易を「四つの口」に限定して統制することで幕府の支配を安定させようとした。

**問4**　（例）現代の中国の領土と、前漢、唐、清の領域を比較すると最も合致するのは清時代の領域である。具体的には前漢、唐時代には中国王朝の領域は遥か西に伸び、現在のウズベキスタンやカザフスタンにまで及んでいた一方、チベットや中国東北部に中国王朝の支配は及んでいない。これらの地域へ中国王朝の支配が及んだのは清朝の最盛期である。19世紀に列強の進出で領土の一部を失ったが、現代中国の領土の基礎は清朝の統治時代に築かれたとみなすことができる。

**まとめ①**　（例）17世紀、中国東北地方の満州族が中国支配を確立して清朝をたてた。清朝は17世紀後半から18世紀にかけて最盛期を迎え、中国中心の伝統的国際秩序である冊封体制を維持するとともに、私貿易（互市）によりアジアの経済に影響力を及ぼした。

**問5**

　**長崎**：対オランダ、対中国（清朝）
　**対馬藩**：対朝鮮
　**薩摩藩**：琉球王国を通じて対中国（清朝）
　**松前藩**：アイヌ民族を通じて対中国（清朝）

**問6**　（例）細かな装飾がついており豪華。／中国風の柄が織り込まれた絹織物。

**問7**　（例）豪華な異国の服を着用しており、ひげや裸足などの倭人とは異なる習慣が強調されている。当時、幕府による松前藩のアイヌ民族支配への批判の高まりと蝦夷地の幕府直轄への動きがあり、これらの動きに対して、「このような異質な人々を帰順させ、統治を行うことができるのは松前藩だけである」という政治的主張を強調するための図像であると考えることができる。

解説　「夷酋列像」は松前藩家老の蠣崎波響が、松前藩がクナシリ・メナシの蜂起を鎮圧した際に協力したアイヌの首長を描いたものだが、ことさらアイヌ民族の「異質性」を誇張している。

**問8**　（例）「夷」とはアイヌ民族を指し、「従夷」とは間宮林蔵を先導・協力したアイヌ民族の人々を指す。

**問9**　（例）間宮林蔵は、樺太探検にあたってアイヌ民族の人々の先導と協力に依存していたが、彼らも樺太北方への遠距離の移動に慣れておらず、食糧や酒の提供や説得によってなんとか彼らの協力を獲得しようと苦心していた。また天候不順や食糧の不足にも苦しめられた。さらに大陸からやってきた人々（山旦夷）により同行するアイヌ民族

が捕えられ食糧や持ち物を略奪されそうになり、食糧や酒の提供で和解する事件が起こった。

**問10**（例）大陸への渡航にあたっては、先導した６名のアイヌ民族の協力は得られず、樺太の民族ニヴフの首長コーニの家に住み、彼らの漁業や木こり、網の直しに協力して大陸への渡航に同行させてもらうことにした。

解説 つまり、間宮林蔵は樺太と大陸との従来から存在した交易ルートの船に便乗することで「探検」を行ったのである。

**まとめ②**（例）江戸幕府の「四つの口」のうち北方の口は、松前藩がアイヌ民族を通じて、中国東北部の「蝦夷錦」を入手するなどしていた。しかし、そうした貿易を松前藩が直接統制していたわけではなく、蝦夷地（現在の北海道）から樺太（サハリン）に居住していたさまざまな民族の交易を背景に、松前藩はアイヌ民族に「蝦夷錦」を献上させていたのである。資料６～８からわかるように、樺太にはいくつもの民族が移住して相互に交流しており、間宮林蔵の「探検」も未知の世界への冒険ではなく、樺太北方に居住していたニヴフが通常行っていた大陸交易の船に同乗させてもらうことで行われたものであり、オホーツク海をめぐる豊かな交易と諸民族の交流がその背景にあった。

## 2　工業化と西洋の衝撃　→ p.22～

史実の確認

①石炭　②綿織物　③綿花　④動力　⑤蒸気機関　⑥交通
⑦資本家　⑧労働者　⑨マンチェスター　⑩労働組合
⑪チャーティスト　⑫社会主義　⑬世界の工場　⑭自由
⑮モノカルチャー　⑯蒸気機関車　⑰蒸気船　⑱電信
⑲アヘン　⑳南京　㉑関税　㉒アロー戦争　㉓天津
㉔北京　㉕太平天国の乱　㉖洋務運動　㉗タンジマート
㉘ミドハト　㉙オスマン主義　㉚アブデュルハミト２世
㉛ムガル帝国　㉜東インド会社　㉝インド大反乱
㉞薪水給与令　㉟尊王攘夷　㊱ペリー　㊲日米和親条約
㊳日米修好通商条約　㊴長州　㊵薩摩　㊶薩長同盟
㊷徳川慶喜　㊸王政復古の大号令

史料・資料を読む

**問1**（例）
**産業資本家の立場**：工場での仕事は、子どもでも可能だったから。／子どもを労働者として使用することで、賃金を低く抑えることができるから。／子どもの小さな体の方が適する仕事があったから。
**労働者の立場**：家計を支えるために、子どもも働く必要があったから。／賃金が低いために、子どもでも長時間働かざるを得なかったから。

**問2**（例）子どもの労働を法律で禁止する。／長時間労働を法律で禁止する。／最低賃金を法律で定める。／安全な労働環境を義務づける。／労働災害に対する保障を明確にする。／虐待を厳しく罰する。

**問3**（例）労働組合を結成し、労働条件の改善を図る。／選挙権を獲得し、自分たちの手で労働条件を改善する法を制定する。／工場そのもののあり方を変える。／社会そのもののあり方を変える。

**問4**　反対
**問5**　アヘン戦争を弾劾するのに何の躊躇も感じることはない
**問6**　賛成
**問7**　武力の示威が、さらなる流血を引き起こすことなしに、われわれの通商関係を再興するという願わしい結果をもたらすかもしれないと、すでに表明されている。このことにわたくしも心から同意する

**問8**
**賛成の立場**（例）：確かにアヘンは健康や社会に害を及ぼすものであるが、パーマストンの演説にあるように、当時中国国内でのケシ栽培が禁止されていなかったのなら、中国はアヘン輸入による銀の流出を抑えるためにアヘン貿易を取り締まっているにすぎないのではないか。中国貿易に従事するイギリス商人の利益が危機に瀕している今、イギリスの武力を示すことで中国との通商が再興するのであれば、賛成する。
**反対の立場**（例）：アヘンが健康や社会に害を及ぼすことは明白である。グラッドストンの演説にあるように、正義の大義、圧政への反対、国民の諸権利の尊重、名誉ある通商の事業のためにではなく、害悪をもたらすアヘンの密貿易のために、武力を用いることには反対する。自由貿易の拡大を求めるなら、不名誉な戦争を行うより、粘り強い外交交渉など他の手段を検討すべきだ。

解説 イギリス議会での清への出兵に関する予算案は、賛成271票、反対262票の僅差で可決された。資料2、3は、イギリス商人の利益を重視し、貿易の拡大のために開戦に賛成する立場と、害悪をもたらすアヘン貿易のために武力を用いることに反対する立場のそれぞれを代表する政治家の演説である。産業革命が進展していた当時のイギリスの状況を考慮しながら、自分の立場を選択し、その根拠を示そう。

**問9**（例）広東、厦門、福州、寧波、上海での通商と、イギリス人家族の居住を許し、イギリスの領事の任命を認める。この条約での輸出入税率を五港で適用する。貿易は五港に限定し、密貿易は認めない。

**問10**（例）南京条約以後、綿花、綿糸、キャラコの税率は、大幅に低下した。

**問11**（例）開港場を拡大し、輸出入税率を下げるなど、イギリスの綿織物工業に有利になるよう中国での市場拡大を狙った。

**まとめ**［考え方］イギリスで始まった産業革命により、様々な分野での技術革新が進んで、生産力が高まり、経済や社会は大きく変化していく。「工業化」の進展によって、人々の生活はどのように変化したのだろうか。安価な製品が流通する一方で、資本家と労働者という階級がもたらした労働問題、都市問題、環境問題、「世界の一体化」の進展がもたらした産業革命を達成した国とアジア諸国との関係などに注目して論じよう。

## 3　立憲体制と国民国家①　→ p.30～

史実の確認

①13　②印紙　③ボストン茶会

④代表なくして課税なし　⑤トマス＝ジェファソン
⑥独立宣言　⑦ロック　⑧ワシントン　⑨パリ条約
⑩合衆国憲法　⑪アンシャン＝レジーム　⑫ルイ16世
⑬三部会　⑭国民議会　⑮バスティーユ牢獄（監獄）
⑯人権宣言　⑰恐怖政治　⑱ナポレオン　⑲皇帝
⑳ナポレオン法典　㉑ウィーン会議　㉒ナショナリズム
㉓自由主義　㉔ギリシア　㉕スペイン　㉖七月革命
㉗二月革命　㉘諸国民の春
㉙サルデーニャ（サルディニア）王国　㉚イタリア王国
㉛ビスマルク　㉜鉄血政策　㉝ヴェルサイユ宮殿
㉞西部　㉟プランテーション　㊱リンカン
㊲奴隷解放宣言　㊳大陸横断鉄道

### 史料・資料を読む

**問1**
(1)ボストン茶会　(2)①先住民（インディオ）②東インド
(3)（例）仲間と仲間ではない人を区別するため。／先住民
に罪をなすりつけようとしたため。／ドラマチックな演出
をするため。／モラルエコノミー（茶を捨てるのはもった
いないという経済的合理性よりも茶の貿易の自由がイギリ
スにより奪われたという道徳的な経済性を重んじる行為）
としての儀礼的行為（シャリヴァリ）。
**問2**
(1)ワシントン
(2)（例）アメリカの紙幣にはジェファソンやジャクソン、
リンカンなど政治家が多く、民主主義の確立に貢献した人
物が多い。一方日本は、福澤諭吉といった思想家や夏目漱
石や樋口一葉といった文豪など政治家ではない人物が多
い。
解説 2024年に発行予定の新紙幣も渋沢栄一や津田梅子、
北里柴三郎である。
(3)（例）国民であることに誇りを持たせるため。／その国
がどのような国であるかを表し共有するため。／その国の
歴史を国民に伝えるため。
**問3**
下線部分：（例1・第1条）人は、自由かつ権利において
平等なものとして生まれ、そして生存する（例2・第10条）
その意見の表明が法律の定める公の秩序を乱さないかぎり
なぜそれが大事だと思うか：（例1）フランス革命前の絶
対王政の不平等かつ不自由な点を否定し、新しい原理を提
唱しているから。（例2）自由や平等が制限される条件と
しての、公共の福祉について明言しているから。
**問4**（例）フランス革命をつぶそうとする勢力（オースト
リア等）に対して、革命によって自ら樹立した自分たちの
祖国を守ろうという意識（ナショナリズム）を高めること
を意図している。
**問5**
(1)（例）
**銃を構えている兵士**：フランス（ナポレオン）軍で、冷酷
で無慈悲な侵略者として描かれている（没個性、顔が描か
れていない）。
**倒れている人**：スペイン反乱の犠牲者で、圧倒的な弱者と
して描かれている（非武装）。
**手を挙げている人**：正義を貫きスペインを守ろうとしたマ
ドリード市民で、殉教するイエスになぞらえて描いている。

解説 ポーズ、右手の聖痕、人物の右手前に描かれた修道士、
絵の左端の母子像から読み取れる。
(2)（例）ナポレオン軍への恐怖や怒り。／スペインを守り
たいという感情。
**問6**（例）教育によって人々が君主や法に対してより献身
的になることや、社会的上昇を果たすこと。
**問7**（例）フランスやアメリカのような市民を中心とした
革命を通じて勝ち取った自由や平等を具現化するための国
民国家ではなく、国王や貴族を中心とした、民主主義では
なく戦争を通じて達成された上からの近代化であるため、
君主権が強くなっている。
### まとめ
(1)（例）領域内の住民を国民として統合することによって
形成される国家形態であり、統合の手段として教育や軍隊、
国家や国旗、共通の度量衡や言語、文化、あるいは憲法（現
在においてはオリンピックなどの祝祭典等も）等が用いら
れる。他方で国民国家は国民としての規範を伴うため、必
然的に国民に含まれないものを排除することになる（少数
民族への抑圧や、性差別等の問題）。また、市民革命によっ
てではなく国王や貴族を中心として形成される国民国家に
おいては、権威主義的だったり、国民の自由や権利が制限
される傾向がある。
解説 フランスやアメリカのような共和主義的な国民国家
と、ドイツや日本のような君主権の強い権威主義的な国民
国家を比較するとわかりやすい。
(2)（例）国民とは、教育や軍隊、国家や国旗、共通の度量
衡や言語、文化、あるいは憲法等を通じて国家に統合され
ており、同胞意識や祖国への愛着を形成することが多い。
他方で、国民ではない他者に対して同じ地球市民として対
等かつ複眼的な視点で関係を取り結ぶことが望まれるが、
われわれとわれわれ以外、という二分法は時に他者への優
越感や差別意識等につながることもある。
解説 スポーツの国際試合や海外旅行など、他者が明確に
意識される時に浮かび上がってくるのが国民意識である。
それは「国民であること」を通じた連帯をもたらすことも
あるが、同時に他者の排除にも容易につながることもある
ため、そのことへの自覚が重要となる。

### 4　立憲体制と国民国家②　→ p.38 ～

### 史実の確認

①王政復古の大号令　②廃藩置県　③明治維新
④岩倉具視　⑤西郷隆盛　⑥大久保利通　⑦洋務運動
⑧李鴻章　⑨中体西用　⑩日清修好条規　⑪日朝修好条規
⑫樺太・千島交換条約　⑬琉球処分　⑭沖縄県
⑮自由民権運動　⑯伊藤博文　⑰内閣制度
⑱大日本帝国憲法　⑲欽定憲法　⑳天皇大権
㉑貴族院（衆議院）　㉒衆議院（貴族院）　㉓大津事件
㉔陸奥宗光　㉕領事裁判権　㉖小村寿太郎　㉗関税自主権

### 史料・資料を読む

**問1**　①権力（国家権力）　②人権（国民の権利・自由）
**問2**
**資料2**(1)国民　(2)11

資料3 (1)天皇　(2)28、29

**問3**

(1)（例）

**共通点：**君主に強い権限がある。人権に制限がある。君主には統帥権がある。

**相違点：**資料4では宗教に関する規定が多い。

(2)（例）

**共通点：**人権の規定がある。

**相違点：**資料5では主権は市民にある。二院制と一院制。

**問4** ［着眼点］問1で憲法の本質を理解し、問2では日本国憲法と大日本帝国憲法の比較をしているため、現代の憲法と比べて大日本帝国憲法がどの程度憲法の要件を満たしているのかをふまえて評価してみる。問3で、大日本帝国憲法と同時期に発布されたミドハト憲法やフランス第二共和政憲法との比較をしているため、それをふまえて評価する。

**まとめ** ［着眼点］

・問1で憲法の本質を理解し、問2では日本国憲法と大日本帝国憲法の比較をしているため、現代の憲法と比べて大日本帝国憲法がどの程度憲法の要件を満たしているのかをふまえて評価してみる。

・問3、4で、当時大日本帝国憲法と同時期に発布されたミドハト憲法やフランス第二共和制憲法との比較しているため、それをふまえて評価をしてみる。

・資料6、7を読むと、外国人学者の大日本帝国憲法に対する評価は比較的高いと言えるが、一方で資料8、9を読むと、日本人が君主制の強い大日本帝国憲法の本質を理解しておらず、憲法が発布されたことに満足している様子がうかがえるため、近代的立憲国家体制が未成熟な段階であるとも言える。

## 5　帝国主義政策　　　→ p.46〜

### 史実の確認

①第2次産業革命　②帝国主義　③ヴィクトリア女王
④ジョゼフ＝チェンバレン　⑤パン＝アメリカ
⑥米西　⑦ヴィルヘルム2世　⑧世界政策　⑨英仏協商
⑩シベリア鉄道　⑪日露　⑫第一次世界大戦
⑬アフリカ分割　⑭モノカルチャー　⑮ミドハト憲法
⑯青年トルコ革命　⑰タバコ＝ボイコット運動
⑱イラン立憲革命　⑲パン＝イスラーム主義
⑳アフガーニー　㉑インド国民会議　㉒ティラク
㉓ホセ＝リサール　㉔ファン＝ボイ＝チャウ　㉕東遊
㉖甲申政変　㉗天津条約　㉘甲午農民戦争　㉙日清戦争
㉚下関条約　㉛朝鮮　㉜遼東半島　㉝三国干渉
㉞義和団事件　㉟日英同盟　㊱日露戦争
㊲第1次ロシア革命（1905年革命）　㊳血の日曜日
㊴ポーツマス条約　㊵セオドア＝ローズヴェルト
㊶大韓帝国　㊷日韓協約　㊸韓国併合　㊹孫文
㊺辛亥革命　㊻中華民国

### 史料・資料を読む

**問1**（例）イギリスがアフリカ大陸を縦断する形で植民地支配を行なっていたということ。

**問2**

(1) A：ヨーロッパ人　B：アジア人・アフリカ人

(2)（例）優秀なヨーロッパ人にとって劣等人種の住むアジア・アフリカを征服することは正当な行為であるということ。

**問3**

(1)アジア、アフリカ

(2)（例）第2次産業革命以降、工業生産力と資本を得たことから、新たな国外市場や資源を確保し、さらなる富の拡大を目指したため。

**問4**

(1)（例）アフリカの輸出品目が原材料に偏っている。／アフリカは一つの輸出品目に依存している国が多い。

(2)（例）帝国主義の時代に列強の植民地として商品作物の輸出を強制されたことにより、新しい技術を習得する機会を失ったため。

(3)（例）同一民族の分断や他の民族との共存を強制されたことにより、民族紛争が起こった。

**問5**（例）列強の侵略に対し、ムスリムの連帯強化を目指すパン＝イスラーム主義が提唱されるなど、民族主義の動きが盛んになった。

**問6**　A：日本　B：ロシア　C：中国

**問7**（例）非常時には国家のために力を尽くすことを学校や家庭で教育されるようになり、勝利を大勢で祝う様子から、戦争が肯定されるようになったことがわかる。

**問8**（例）ポーツマス条約では、対戦国からの賠償金が得られていない点。

**問9**（例）日清戦争と比較し、多くの死傷者を出し、多額の軍事費がかかったにもかかわらず、七博士講和条件でも求められていた賠償金を得ることができず、国民の不満が高まったため。

**問10**（例）日露戦争の勝利により、アジアに列強打倒の気運をもたらす立役者となったものの、後にアジアを侵略する脅威へと変化していった。

## 「近代化と私たち」のまとめ　　　→ p.54〜

**問1**　省略（各自が分かったことや考察したことをまとめる。）

**問2**（例）生まれた場所や血統、肌の色などは異なっているが、精神を一つに融合し団結した人たち。

解説 特定の民族や人種など、エスニックなものが条件にはなっていない。

**問3**（例）外国で生まれたが、アメリカ合衆国内に2年以上居住した自由な白人や、土地を割り当てられた合衆国領内に居住するインディアンや、合衆国領内に生まれ、部族から離れて自発的に居住場所を選び、文明生活の習慣を選んだインディアンなど。1882年以降は中国人が排除された。

**問4**（例）

**アメリカの日系移民：**1885年からハワイへの官約移民が始まり、1900年頃からは本土への移民が増加するが、1924年には排日移民法が制定され、太平洋戦争時には強制収容された。背景には日清戦争後の物価高騰や就職難、アメリカの高賃金などがあった。

中南米の日系移民：アメリカへの移民が制限され始めた1907年頃からブラジルへの移民が増加し、ペルーやメキシコにも多数移民した。コーヒーなどの農園で働くものが多かった。

ペルーの中華系移民：1849年から、大農園（アシエンダ）の農業労働者（苦力、クーリー）として、正式な移民が始まった。白人や黒人から差別されながらも彼らは徐々にチャイナタウンを形成し、飲食店などの経営を始めた。

**問5**（例）インディアンと同様に土地が割り当てられ、農業を行うことが奨励された。学校教育が与えられたり、文明生活の習慣を選ぶことが奨励されたりするなど、国民化することが要請された。

**問6**（例）土地の所有権に様々な制限があった。15年間開墾しないと没収された。貧しいものには農具や種子や薬代が支給された。

**問7**（例）アイヌの側からの、この法律に従わずそれまでの生活様式を守ろうとする動きや、日本の側からの差別等があげられる。

解説 問5で見たように、アイヌに対しては農民化と「文明」化が奨励されていったが、アイヌの側からも日本人の側からも反発や抵抗の動きが見られた。

**問8** 省略（第3、4部の学習を通じてさらに考察を深めていこう。）

# 第3部　国際秩序の変化や大衆化と私たち

## 「国際秩序の変化や大衆化と私たち」の問いを表現する　→ p.58〜

**問1**（例）第一次世界大戦の反省から、平和や協調、軍縮が国際的な課題となった時代。

**問2**（例）
アメリカは第一次世界大戦によって債務国から債権国に転換したことで世界経済をリードした。
ソ連は社会主義経済体制をとったことで、資本主義経済の影響が少なかったから。

**問3**
ナイジェリア：英語　モロッコ：フランス語
インド：英語
その理由：植民地として支配していた国の言語が共通して話されているから。

**問4**（例）電化製品の普及によって家事への負担が減り、また自家用車が一般家庭にも普及するようになり旅行やレジャーが一般的になった。

**問5**（例）
・1920年代にはイギリスは男女普通選挙を実現したが、日本は25歳以上の男子のみの普通選挙であった。
・選挙権の拡大では、イギリスは職業階級ごとに拡大していったが、日本は納税額を基準とする拡大であった。

**問いを表現**（問いの事例）
**「国際関係の緊密化」**：第一次世界大戦が終わった直後は「平和」や「協調」が重視されていたのに、なぜその後の戦争（第二次世界大戦など）を防げなかったのだろうか。

**「アメリカ合衆国とソヴィエト連邦の台頭」**：アメリカやソ連が国力を発展させていったことが、現代にどのような影響を与えたのだろうか。

**「植民地の独立」**：アジア・アフリカの植民地は、なぜ戦争の後に独立することができたのだろうか。／植民地の独立が、現在の世界の諸課題にどうつながっていったのだろうか。

**「生活様式の変化」**：20世紀前半の人々の生活と21世紀の私たちの生活は何が同じだろうか（違うのだろうか）。

**「大衆の政治的・経済的・社会的地位の変化」**：選挙権が大衆に拡大していくことによって、民主主義（民主政治）はどのように変容していったのだろうか。／男性（女性）の社会的地位はどのように変わっていったのだろうか。

解説 第3部では、20世紀前半の両大戦期に生じた様々な変化について、それが大戦後、あるいは21世紀のグローバル化していく国際社会にどう繋がっていったか、またはどのような影響を与えていったのかという視点で考察していきたい。

## 1　第一次世界大戦後の世界　→ p.62〜

### 史実の確認

①三国同盟　②三国協商　③バルカン　④火薬庫
⑤サライエヴォ　⑥第一次世界大戦　⑦同盟国　⑧連合国
⑨総力戦　⑩戦車　⑪無制限潜水艦　⑫ロシア　⑬ドイツ

⑭日英同盟　⑮二十一か条の要求　⑯大戦景気
⑰ソヴィエト　⑱レーニン　⑲ボリシェヴィキ
⑳シベリア出兵　㉑ソヴィエト社会主義共和国連邦
㉒スターリン　㉓ヴェルサイユ条約　㉔パリ講和会議
㉕国際協調　㉖ウィルソン　㉗十四か条　㉘民族自決
㉙国際連盟　㉚集団安全保障　㉛委任統治領
㉜ワシントン　㉝民族自決　㉞三・一独立運動
㉟五・四運動　㊱孫文　㊲ガンディー
㊳非暴力・不服従運動　㊴スカルノ　㊵ホー゠チ゠ミン
㊶ムスタファ゠ケマル

### 史料・資料を読む

**問1**（例）イギリスやフランスが、アジアやアフリカに所有していた植民地からも兵士が動員されたため。
**問2**（例）戦争に協力することで、対戦が終結したあとに宗主国との関係において、今までよりも有利な関係を形成することが可能であると考えたため。
**問3**（例）世界的に生糸の生産が滞ったために、各国が日本製の生糸を輸入したことに加え、中国におけるドイツの経済圏を日本が確保したり、ロシアに軍需品を輸出したため。
**問4**（例）共産主義の目指しているところが私有財産の廃絶であり、そのために共産党は従来の社会組織を転覆させる社会革命を起こして、労働者の政府の形成を目指している。資本主義諸国としては、社会主義が拡大し自国政府の打倒が目指されないように、社会主義を弾圧する必要があったため。
**問5**
**共通点**：集団で国際平和を守る機関であること。戦争や侵略行為を行った国に対して、集団での措置を取ること。自治独立が難しい地域に対しては、他の国や機関の施政下に置くこと。
**相違点**：国際連盟が経済的な措置なのに対し、国際連合は軍事行動をとることができること。国際連合にのみ、安全保障理事会が設置されていること。
**問6**
［考え方］資料から読み取った国際連盟のシステムと国際連合のシステムを比較し、史実に照らし合わせて考察する。
（例）私は十分ではなかったと思う。なぜなら、国際連盟は第二次世界大戦の勃発を防ぐことができなかったからだ。集団安全保障の考え方は世界平和を守るために有効だと思うが、日本やドイツの脱退を許したり、経済制裁しか行えなかったりと、秩序を乱す存在に対して十分な制裁を加えられなかったことが、原因と考える。
**着眼点**
・国際連盟はどのようなシステムで、平和を構築しようとしたか？　→集団安全保障
・国際連盟の権限はどのようなものか？　→戦争を起こした国に対する経済制裁の実施
・国際連盟成立後の歴史的事実　→日本・ドイツの脱退や第二次世界大戦の勃発　など
**問7**（例）日本から見たときは暴動、暴力的な運動であったが、イギリスから見たときは示威運動であり、平和的な運動であったという違い。

**問8**（例）
**中国**：朝鮮人の（独立という）要望に対して、過度な圧迫を行った。
**日本**：アメリカ人を中心とする朝鮮在住宣教師、キリスト教徒による扇動。

## 2　大衆の登場　　　　→ p.70 ～

### 史実の確認

①大衆　②総力戦　③普通選挙　④労働
⑤ヴァイマル憲法　⑥団結　⑦団体交渉　⑧ファシズム
⑨ムッソリーニ　⑩全体　⑪大正デモクラシー
⑫日比谷焼き討ち　⑬第一次護憲運動　⑭政党
⑮シベリア出兵　⑯米騒動　⑰政党内閣
⑱第二次護憲運動　⑲治安維持法　⑳社会　㉑吉野作造
㉒民本主義　㉓女性解放　㉔平塚らいてう　㉕青鞜
㉖市川房枝　㉗新婦人協会　㉘友愛会　㉙日本農民組合
㉚全国水平社　㉛国際連盟　㉜移民法
㉝大量生産・大量消費（大衆消費）　㉞大衆化　㉟モガ
㊱職業婦人　㊲キング　㊳ラジオ

### 史料・資料を読む

**問1**（例）男性の普通選挙権が拡大した一方で、女性の動員に伴い、女性の社会進出が進み、女性の選挙権が認められるようになっていった。
**問2**　3
**問3**　知識人、教師、学生、官僚、商人、技術者、（大小さまざまの）企業家、労働者
**問4**（例）労働者に参政権が拡大し、社会主義勢力が伸張することを防ぐため。
**問5**　ココ゠シャネル
**問6**（例）家、家庭において「良き妻」「良き母」であるという理想像から、より自由に、自身の個性を発揮するという理想像へと変化していった。
**問7**（例）新聞や雑誌の普及により、広告・宣伝が効果的になり、その結果商品の知名度が上昇、多くの人に知られるようになったと考えられるから。
**問8**（例）（ヒトラーの登場に代表されるように）大衆が独裁者の意見をそのまま信じる社会を登場させた。／同じ意見を持つ「大衆」を登場させるに至った。／独裁国家の登場、大衆を国民へとまとめることに利用された。
**解説** 本設問は、大衆化、大衆社会の中でラジオが果たした役割を問う設問である。ラジオは一般大衆に広く、同じ情報を、なおかつ肉声で伝えるという点に大きな特徴がある。この点を指摘しているのが、資料11の室伏高信であり、ラジオによる大衆化と世論形成、その危うさを指摘している。またこうした特徴を持つからこそ、政治の場においても数多く利用されてきた。代表的なものが資料12に代表されるドイツのヒトラーであり、そのプロパガンダにラジオが活用されていた歴史がある。この点を資料から読み取り、考察するのが、本設問の目的である。

## 3　ファシズムの台頭　→ p.78 〜

**史実の確認**

①世界恐慌　②ニューディール　③スターリン
④管理通貨制度　⑤ナチ党　⑥全権委任法　⑦人民戦線
⑧再軍備宣言　⑨ラインラント進駐
⑩日独伊三国防共協定　⑪スペイン内戦
⑫ミュンヘン会談　⑬満州事変　⑭二・二六事件
⑮西安事件　⑯第２次国共合作　⑰独ソ不可侵条約
⑱ポーランド　⑲第二次世界大戦　⑳チャーチル　㉑パリ
㉒ヴィシー政府　㉓ド＝ゴール　㉔日ソ中立条約
㉕独ソ戦　㉖大西洋憲章　㉗日独伊三国同盟　㉘真珠湾
㉙太平洋戦争（アジア太平洋戦争）　㉚大東亜共栄圏

**史料・資料を読む**

**問１**（例）戦後、アメリカがドイツに対して資金援助を行い、それを元手に産業振興やイギリス・フランスに対し賠償金を支払い、イギリス・フランスはアメリカへの借金の返済をするサイクルがうまく回っていた。しかし、世界恐慌によってアメリカがドイツに投下していた資本を引き揚げ、サイクルがうまく回らなくなった。

**問２**（例）世界恐慌の影響により、ドイツの失業率は他国に比べて高かった。当時の政府が有効な政策を行うことができなかったときに、ヒトラー率いるナチ党が公共事業策で雇用を創出したため、国民の支持を得て、議席を大きく伸ばした。

**問３**（例）ドイツが共産主義（ソ連）の広がりを抑えており、刺激したくなかったため。

**問４**（例）宥和政策によって、世界が平和な方向へ向かうと考えた。

**問５**（例）反共という点でヒトラーと蔣介石は同じ考えであった。また中国は国共内戦状態であり、日本が侵略を行うことで、国共合作状態になることを恐れたため、日本の中国侵略を否定したと考えられる。しかし西安事件をきっかけに国共合作状態となったことで、考え方が変化したと考えられる。

**問６**（例）

⑴（紛争地域解決の条件としては、）満州における日本の利益を中国が承認する。

⑵イギリス・フランスは国民政府による国権回復運動・外国商品のボイコットに対して経済的損失を負っていた。そのような状況下で、日本の満州における経済的権益を国際的に認めることで、自らが中国内にもっている経済的権益を確保しようとする意図があったからと考えられる。

**問７**（例）国防上の観点から、満州は経済的な権益ではなく、支配領域であることの方が望ましかったが、満州国が国家として認められなかったため。

**問８**（例）ヴェルサイユ体制の打破やユダヤ人排斥・ドイツ人生存圏の拡大を主張することでドイツ人のナショナリズムやアイデンティティを刺激するとともに、世界恐慌によって失業で苦しんでいる国民に対して、公共事業によって雇用を確保することで支持を得ていった。また国民の中にはヒトラーに対して不満を抱く層もいたが、秘密警察や暴力を用い徹底的に弾圧を行った。

## 4　第二次世界大戦後の国際秩序と日本の独立　→ p.86 〜

**史実の確認**

①スターリングラード　②テヘラン会談
③ノルマンディー　④ヤルタ会談　⑤ミッドウェー海戦
⑥カイロ会談　⑦サイパン島　⑧ヤルタ会談
⑨ポツダム宣言　⑩原子爆弾　⑪ブレトン＝ウッズ会議
⑫国際通貨基金（IMF）　⑬国際復興開発銀行（IBRD）
⑭金ドル本位制
⑮関税と貿易に関する一般協定（GATT）
⑯大西洋憲章　⑰ダンバートン＝オークス会議
⑱サンフランシスコ会議　⑲鉄のカーテン
⑳トルーマン＝ドクトリン　㉑マーシャル＝プラン
㉒コミンフォルム　㉓北大西洋条約機構（NATO）
㉔ワルシャワ条約機構　㉕中華民国　㉖中華人民共和国
㉗毛沢東　㉘朝鮮民主主義人民共和国　㉙金日成
㉚大韓民国　㉛李承晩　㉜朝鮮戦争　㉝板門店
㉞ホー＝チ＝ミン　㉟インドシナ戦争
㊱ジュネーヴ休戦協定　㊲ GHQ（SCAP）
㊳マッカーサー　㊴五大改革指令　㊵労働三法
㊶教育基本法　㊷学校教育法　㊸財閥解体　㊹農地改革
㊺極東国際軍事裁判（東京裁判）　㊻日本国憲法
㊼国民主権　㊽象徴天皇制　㊾基本的人権の尊重
㊿平和主義　51地方自治法　52ドッジ＝ライン
53単一為替レート　54朝鮮特需（特需景気）
55警察予備隊　56レッド＝パージ　57吉田茂
58サンフランシスコ平和条約　59日米安全保障条約
60自衛隊

**史料・資料を読む**

**問１**（例）

**表決：**国際連盟では総会や理事会で全会一致制をとっているのに対し、国際連合では総会も安全保障理事会も多数決制をとっており、常任理事国の拒否権も認めている。

**制裁手段：**国際連盟では経済制裁中心だったのに対し、国際連合では軍事制裁についても規定されている。

**問２**（例）国際連合では、第 51 条で「集団的自衛権」を認めていたため、冷戦下で NATO やワルシャワ条約機構などの軍事同盟の結成が行われるようになった。また、常任理事国の拒否権が認められていたため、過度な行使によって安全保障理事会の機能が果たせない場合があった。

**問３**［考え方］冷戦期の緊急特別総会や国連平和維持活動（PKO）の状況や成果等に着目し、自分なりの考えをまとめてみよう。

**解説** 国連憲章には、武力紛争への対応として国連軍の派遣など強制的な手段も規定されている。一方で、冷戦期は大国の拒否権行使により、安全保障理事会が十分に機能しないことも多かった。

**問４**（例）

**資料６：**戦争犯罪者、極端な国家主義的団体や大政翼賛会等の有力者など

**資料７：**日本共産党幹部

**問５**［考え方］それぞれの地域ごとに、冷戦の影響でどの

ようなできごとが起こったか、自分の言葉でまとめてみよう。

解説 冷戦は、分断国家の成立や武力をともなう戦争、日本での占領政策転換など、アジアに大きな影響を与えた。

## 「国際秩序の変化や大衆化と私たち」のまとめ → p.94～

**問1** ［着眼点］冒頭の「問いを表現する」で立てた問いについて、史実を確認しながら学習していく中で新たに気づいたことや疑問点などが出てきただろうか。

**問2**
同じ点：マスクの着用、人との距離、予防接種などが推奨されている。
違う点：うがいが推奨されている。

**問3** （例）現代ほど情報が氾濫していない時代だったので、政府からの情報しかない状態で、これらの呼びかけには多くの国民が従ったと考えられる。

**問4**
ドイツ：ジプシー（シンティ・ロマ）とよばれる人たち
日本：在日の朝鮮の人々

**問5** ［着眼点］「ドイツ人」「日本人」といった民族の「同族意識」が形成されていく中で、自民族の優位性を高めるために、「異質」で「劣った」存在が必要とされたこと。

**問6**
共通点：マスクの着用や密を避けることなどが社会全体で行われていることや、在日朝鮮人、社会的な弱者や少数者に対する暴力的・言論的な攻撃（現代ではヘイトスピーチやSNSでの誹謗中傷など）。
「大衆」とは何か：（例）社会の中で集団（または集団としての意識）を形成し、その集団に反するもの、異なるものを排除したり攻撃したりすること。
まとめ①［着眼点］集団の中で同じ行動を取っていることはないだろうか。また、自分とは異なる考えや行動の人に対して攻撃的に見てしまうことはないだろうか。
まとめ② 省略

---

# 第4部 グローバル化と私たち

## 「グローバル化と私たち」の問いを表現する → p.98～

**問いを表現するための着眼点の例と問いの事例**
資料1と資料2から
・SDGsに関連するノーベル平和賞受賞者・受賞理由（いつ（いつから）、どのような活動が評価されているのか）
［問いの事例］SDGsの取り組みは、いつから始まったのだろうか。

資料1と資料3から
・SDGsと低開発国との関連性
［問いの事例］SDGsの達成のために、私たちの支援を最も必要とする人々は誰だろうか。

資料2から
・時代背景と受賞者・受賞理由の関連性（いつ、どのような活動が）
・冷戦に関連する受賞者・受賞理由
・人権擁護・差別撤廃に関連する受賞者・受賞理由
・軍縮に関連する受賞者・受賞理由
・地域紛争・内戦の解決に関する受賞者・受賞理由
・国連難民高等弁務官事務所が2度受賞した背景の違い（どのような難民を対象とした活動なのか）
・パレスチナ問題および中東情勢に関する受賞とその後
・国連とその関連機関による国際協力の歴史
・日本人受賞者
［問いの事例］地域紛争解決のために、今までどのような努力が行われてきたのだろうか。／私たちの人権は、どのような取り組みによって保護されるようになったのだろうか。

資料3から
・1人あたりGDPの多い（少ない）国の推移とその理由
・同じ地域内のGDPの推移の比較
・ある地域の、ある年代のGDPの増減に影響を与えたと思われる歴史上のできごと
・旧ソ連・旧ユーゴスラヴィアの経済格差
・各国のGDPの内訳（産業構造）の違い［この資料だけでは読み取れないが、地理総合の教科書や地図帳の資料を参照すると見えてくる］
［問いの事例］GDPの伸びた国と伸びていない国の違いは、いつから、どのように生じたのだろうか。／同じ地域内で、国ごとのGDPに格差が見られるのはなぜだろうか。／○○（任意の国・地域）のGDPが□□年ころから成長したのはなぜだろうか。／私たちとアジア諸国の間の経済的結びつきは、どのように発展してきたのだろうか。

資料3と4から
・経済地域、もしくは中国・アメリカ合衆国・日本の経済規模などの比較
・人口とGDPから、1人当たりのGDPを算出し、比較
・どのような国が経済連携を必要としているのか
［問いの事例］第二次世界大戦後、ヨーロッパ諸国が一つの経済地域になったのはなぜだろうか。／中国やASEANと比べて、USMCAやEUの一人当たりのGDPが大きいのはなぜだろうか。

## 1 冷戦下の国際関係 → p.102～

→ p.102～

### 史実の確認

①パレスチナ　②イェルサレム　③オスマン帝国
④バルフォア宣言　⑤イスラエル　⑥パレスチナ解放機構
⑦パレスチナ暫定自治協定（オスロ合意）
⑧ホー＝チ＝ミン　⑨インドシナ戦争　⑩スカルノ
⑪アジア＝アフリカ　⑫ネルー　⑬ナセル　⑭第三世界
⑮ベトナム　⑯中東　⑰スエズ運河　⑱石油危機
⑲公民権運動　⑳キング牧師　㉑公民権法
㉒（バラク＝）オバマ　㉓福祉
㉔カウンター＝カルチャー（対抗文化）　㉕フルシチョフ
㉖中ソ　㉗プラハ　㉘55年　㉙日ソ共同宣言
㉚日韓基本条約　㉛沖縄　㉜佐藤栄作　㉝日中共同声明
㉞ラッセル＝アインシュタイン　㉟キューバ
㊱核拡散防止条約　㊲デタント

### 史料・資料を読む

**問1**（例）イギリスが第一次世界大戦中に、ユダヤ人から経済的支援を引き出そうと、パレスチナ地方でユダヤ人国家を建設するとの約束（バルフォア宣言）をする一方で、パレスチナ地方に住んでいるアラブ人には独立を約束（フセイン・マクマホン協定）していたことにより、戦後ユダヤ人がパレスチナへ移住しアラブ人との間に対立・紛争が起きたこと。

**問2**（例）第二次世界大戦後、ユダヤ人が再び迫害を受けることがないようにと、国連が領土の分割案を提示したが、人口比を無視したユダヤ人を優遇する分割案にアラブ人が反発したこと。

**問3**（例）イギリスがユダヤ人とアラブ人に矛盾した約束をせず、資金協力を引き出すために別の方法を取ることができていれば対立を避けられたと思われる。／ユダヤ人とアラブ人双方がパレスチナを排他的に領有することを求めずに、対話によって共存する道を模索することで避けられたと思われる。

**問4**（例）対立に関与したイギリスと国連が積極的に両者の仲介役を果たしていく必要があるのではないか。また、歴史認識も含めた宗教指導者、次世代を担う若者間での対話や相互理解が進むことで和解の可能性が開かれるのではないか。

解説 イギリスや国連のはたすべき役割、各国・各地域で異なる歴史認識をどうするのかという点に着目したい。

**問5**（例）黒人差別であれば、奴隷としてアメリカへ連れて来られた黒人の子孫であるという歴史的背景から、法的に奴隷制が廃止された後も、白人中心の社会の中で慣習的な偏見や差別が続き、人種隔離政策が正当化されていた。身近な問題では社会的・文化的につくられた性差（ジェンダー）にもとづく男女差別、セクシャルマイノリティへの差別などがあげられる。／自文化を最も優れたものと見なす立場（エスノセントリズム）、異文化に対する無知や尊重の精神の欠如、個人ではなくその個人が属する集団に対し歴史的に向けられてきた固定観念（ステレオタイプ）で個人を理解したつもりになることなどによって偏見・差別は形成されるのではないか。

**問6**（例）黒人たちの偏見・差別との闘いに見られるように、不当な扱いに対し社会的に影響力の大きいマスコミや法的機関、国のリーダーなどの理解・協力を得られるようにすること、できるだけ多くの人に向けて、言葉と行動によって主張し続けるという方法がある。また、私たちが偏見・差別を是正し、新たに生み出さないためには、差別に苦しむ人の声に耳を傾け自分がその立場だったらどうかと考え想像するエンパシーの能力や、アファーマティブ-アクションのような法整備が必要なのではないか。

解説 資料4、6からは法や法的機関による黒人差別の実態、資料5、6からは言葉と行動によって主張し続けることの重要性、資料7からは国のリーダーやマスコミの持つ力などに着目したい。また、差別を減らすには内面的側面からのアプローチと併せて法整備という側面にも着目したい。

## 2 世界経済の拡大と日本社会（冷戦の経済的影響） → p.110～

→ p.110～

### 史実の確認

①ヨーロッパ石炭鉄鋼共同体（ECSC）
②ヨーロッパ原子力共同体（EURATOM）
③ヨーロッパ経済共同体（EEC）　④ヨーロッパ共同体（EC）
⑤マーストリヒト条約　⑥ヨーロッパ連合（EU）
⑦ユーロ　⑧シェンゲン協定　⑨東ヨーロッパ（東欧）
⑩経済　⑪難民　⑫ギリシア　⑬移民排斥
⑭EU離脱（ブレグジット）
⑮東南アジア諸国連合（ASEAN）
⑯関税と貿易に関する一般協定（GATT）
⑰自由貿易協定（FTA）　⑱経済連携協定（EPA）
⑲アジア太平洋経済協力（APEC）　⑳生産手段
㉑国有（公有）　㉒計画経済　㉓大躍進　㉔南北問題
㉕開発独裁　㉖ブレトン＝ウッズ体制　㉗高度経済成長
㉘国内消費（内需）　㉙技術革新　㉚公害

### 史料・資料を読む

**問1**（例）
(1)移動の自由（国境を持たない）や単一通貨の導入など、経済的結びつきを目指した。
(2)経済だけではなく、域内全体の社会的な進歩や文化的な発展も目指した。
(3)東南アジア諸国には様々な宗教があり、それらの相違を受け入れて統合しているが、ヨーロッパは基本的にキリスト教文化の国々のみで構成されており、近接しているアジアのトルコが長らくEU加盟国候補に上げられながら、イスラム教とその文化への抵抗もあり実現していない。
(4)統合された地域内での経済的な格差、不法移民の流入、それに伴う排斥運動や、民族間の経済格差の問題が生じている。

解説・地域統合については近年、統合された地域内での不均衡の発生、世界各地における排外的なナショナリズムの興隆、地域統合の否定の動きなど、新たな問題に直面している。
・東南アジアでの例は2006～2010年に起こったタイの政治的混乱で、貧富の差の拡大が要因の一つであった。また東南アジア各地に存在する華僑や華人と呼ばれる国

11

外在住中国人や、印僑と呼ばれる国外在住インド人が、居住地域での経済力を掌握することで、彼の地での経済格差や排斥運動などの民族対立の一因となっている。

- ・ヨーロッパでの例としては、2008年の世界的な金融危機が起こり、さらにギリシアの財政危機をきっかけにユーロに対する不安が広がるなど、EUは不況に陥った。またシリアなどの中東地域から難民が押し寄せ、外国人労働者に対する不満とも相まって、移民排斥の動きが高まった。
- ・イギリスでは1973年にECに加盟して以来、国の内政への関与を強めるEUへの反発がくすぶり、ユーロも導入しなかった。国民の中ではかつての大英帝国の繁栄への幻想がEUへの懐疑主義と結び付き、増加し続ける東欧からのEU内移民は雇用不安を掻き立て、EUに対する不満が高まった。しかし国内では逆に、親EUで独立志向の強いスコットランドの分離独立問題を再燃させるなど、離脱は多くの問題を伴った。

**問2** （例）

(1)高度経済成長期には公共投資の拡大により、高速道路開発などインフラ整備が進んだ。また経済成長による大量生産・大量消費が一般化し、「三種の神器」と呼ばれる耐久消費財の普及など、豊かな生活が広がった。1964年の東海道新幹線開通や東京オリンピック開催は、日本の戦後復興と経済成長を世界に示す象徴となった。

(2)環境汚染や交通渋滞などによる生活環境の悪化が起こり、水俣病や四日市ぜんそくに代表される公害が深刻な社会問題となった。公害反対運動や四大公害裁判などの訴訟もたびたび起こされた。このような課題に対して、日本では1967年の公害対策基本法の制定や1971年の環境庁発足など、国による対策が取られた。

## 3 市場経済のグローバル化 → p.118〜

### 史実の確認

①資源ナショナリズム　②石油危機　③第4次中東戦争
④イラン＝イスラーム革命（イラン革命）
⑤先進国首脳会議　⑥ドル＝ショック　⑦変動相場制
⑧ASEAN　⑨NIEs　⑩ODA　⑪貿易摩擦　⑫プラザ合意
⑬四つの現代化　⑭改革・開放　⑮ドイモイ（刷新）
⑯世界貿易機関（WTO）　⑰グローバル＝スタンダード
⑱IT革命（情報技術革命）　⑲アメリカ
⑳フェイクニュース　㉑ヘイトスピーチ

### 史料・資料を読む

**問1** （例）石油危機をきっかけに、エネルギーで石油に依存する割合が低下し、他のエネルギー開発が進んだ。／石油への依存割合が低下したので、経済が原油価格の影響を受けにくくなった。／高度経済成長が終わりを告げ、経済は低成長期に入った。

**問2** （例）社会主義国との緊張緩和や開発途上国の成長のための協力、国際通貨制度の改革により、世界全体の協調や共存を目指そうとした。

**問3** （例）農業、工業、国防、科学技術の現代化を実現しようとした。

**問4** （例）第一次産業が縮小し、第二次、第三次産業に次

第にシフトしている様子がわかる。特に、第三次産業の拡大が顕著で、2015年にGDPの50％を超えた。

**問5** （例）資料8から、政府開発援助の相手国は1970年に対アジアが94.4％を占めていたのに対し、徐々にアジア以外の地域の割合が高まり、2010年以降は50％台となったことがわかる。一方で、資料9からは、東アジアの経済成長により東アジアの市場が拡大して、日本の相手地域別輸出額ではアメリカやEUをはるかに上回るようになった。なかでも加工品や部品、資本財の輸出額はアメリカやEU地域の倍以上の額となっている。

**問6** （例）1980年では資源や農産物などの一次産品が中心であったが、先進国の政府開発援助や投資などもあり、輸出主導型の工業化を推進して、工業製品が輸出の中心となったこと。

**問7** 一般的に資本や労働力の国境を越えた移動が活発化するとともに、貿易を通じた商品・サービスの取引や、海外への投資が増大することによって世界における経済的な結びつきが深まることを意味する

**問8** （例）

**想定されること：** （資料11からの抜粋）途上国の労働者が遠隔で先進国の警備や家事代行を行ったり、先進国の技術者が途上国の資本設備を遠隔で修理するなどのバーチャル移住が進み、賃金競争が激化することが想定される。／（資料11の表と文章から）ヒトの移動制約が解消され、国際分業が労働サービス単位で行われるようになる。国際分業が労働単位で行われることで、賃金競争が激化することが想定される。

**未来についての考え：** デジタル化、AIや機械との競争は避けられるものではなく、国際分業がますます進むことも当然のことだ。こうした未来において、公正な社会とすべての人々の生活が守られるような仕組みを考えることが急務だと考える。／賃金競争が激化することに対して不安を感じる。労働者の立場から、賃金と生活が守られる仕組みを構築しなければならない。

**資料解説** 資料11は、経済産業省『通商白書2019』の第2部第1章第1節「各国・各地域間で深まる経済関係の実態」からの抜粋で、グローバル化の概念とその進展について、技術進歩の観点から分析している部分である。切り口として、アンバンドリング（unbundling、分離）という概念を用いて、産業革命以前の世界と産業革命以後の世界経済の発展を3つの段階に分離（アンバンドリング）し、文章及び表によって解説している。

**考え方**「第3次アンバンドリングの世界」について、資料11の本文及び表の両方から論じることが可能なので、文章からの関係箇所の抜粋や表から読み取れることをまとめられるとよい。また、今以上にグローバル化が進むであろう世界に生きる高校生が、自分事としてどのような未来に生きるのかを考えて、自分のことばで述べることを目標とする。

## 4 国際社会の変化 → p.126〜

### 史実の確認

①アフガニスタン侵攻　②チェルノブイリ　③新思考外交

④連帯　⑤ベルリンの壁　⑥マルタ会談
⑦ペレストロイカ　⑧民族浄化　⑨湾岸戦争
⑩天安門事件　⑪一国二制度　⑫社会主義市場経済
⑬アパルトヘイト　⑭マンデラ
⑮（アメリカ）同時多発テロ事件　⑯アフガニスタン紛争
⑰イラク戦争　⑱アラブの春
⑲PKO協力法（国際平和協力法）
⑳グローバル＝スタンダード　㉑世界貿易機関　㉒TPP
㉓SDGs　㉔ポピュリズム

### 史料・資料を読む

**問1** （例）兵力の提供や後方支援などの実施という形での人的な援助がなかった点。

**問2** （例）湾岸戦争の対応のようにすべての国が一つとなって世界秩序を形成・維持していかなければならないなかで、日本のみ資金拠出という一歩引いた対応をとってしまったから。／西側の一員としてではなく、主要国（先進国）の一端として世界と向き合っていくことが求められるようになり、世界の秩序形成・維持に積極的に関わっていく必要があったにもかかわらず、冷戦期と同じような対応をとってしまったから。

解説 冷戦終結によって東西対立が解消された（イデオロギーの対立がなくなった）ことをふまえて述べる。

**問3** （例）国際的な責務を果たそうとする日本に対して肯定的な見方が広がった一方で、経済力にまさる日本の活動範囲の拡大が過去のように軍事大国化する懸念をもたらした。

**問4** （例）

(1)地域大国としてアジアへの積極的な関わりや秩序維持のための貢献や援助、民主主義国家としての権利保護が求められるようになった一方で、役割の拡大が過去の歴史や記憶をよみがえらせ、それに対する真摯な向き合いが求められるようになった。

解説 問3で述べたように、アジアは日本に対して期待する側面と不安視する側面の両方を持っている。そのことをふまえて、どのような行動が必要になったかを述べる。

(2)主要国の一角として国際秩序の維持に主体的な行動が求められるようになったことや、自由民主主義国の一員として、権威主義体制や独裁政権、テロや現状変更の動きに対して、国際社会とともに歩み、対応することが求められるようになった。

解説 問2で述べたように、冷戦の終結は日本に大国としての行動を求めるきっかけとなった。そのことをふまえて、どのように環境が変わったのかを述べる。

(3)自由民主主義国家として、現状変更の動きが激しいアジア地域において、自由や人権などの基本的な原則を守り、支えることが求められている。

解説 (1)、(2)をふまえて、「世界の中の日本」と「アジアの一員としての日本」の両面を結びつけて考える。

**問5** （例）マスメディアの発達やソーシャル・メディアの発展によって、抑圧された国においても他国の様子をうかがい知ることができるようになったことに加え、抑圧されている光景が世界中を駆け巡るようになり、国際社会からの圧力をより与えることができるようになった。また冷戦終結後、民主主義や人権が国際社会において規範として広

く受け入れられるようになったことに加え、体制転換に伴う経済封鎖の解除や支援なども行われるようになった。

**問6** （例）世界中で経済格差が広がっており、中位以下に属する人は富を奪われたという意識から、その原因となったグローバリズムを敵視し、喪失感を感じている。それを埋め合わせるために、グローバリズムの対極にあるナショナリズムに身を寄せている。／自らと異なった思考や行動様式を持ち合わせる人々が増え、彼らの活躍の場所が広がる一方で自らの場所は失われていったことや自分たちが作ってきた「伝統」や「文化」が浸食されていくような感触から、排外主義やナショナリズムが台頭した。

解説 資料7、8から、グローバル化によって一部の国家や人々に富が蓄積される一方で再分配が行われていないことを読み取る。その一方で、資料9、10から、多数派や中間層が排外主義やナショナリズムに傾いていることを読み取り、なぜ彼らがそのような行動をとっているのか考えたい。

**問7** （例）冷戦が終結したことで、政治体制上の争いはなくなり、自由主義や民主主義、資本主義や人権が世界の共通ルールとして受け止められていくようになった。しかしながら、その広がりは宗教の違いや文化の違いを明らかにし、異なるものを排除する運動へとつながっていったから。

解説 20世紀末からのグローバル化の特徴は、これまで見てきたような世界の結びつきが強くなるだけではなく、ルールやシステム、規範などが均質化・共通化していくことにあることを指摘したい。

　政治システムでは、民主主義が良いものとされ、欧米発祥の人権意識が世界人権宣言などにより規範として広まり、経済連携もTPPのようにルールの共通化まで含んだものとなっている。

　一方でその共通化に対して反発や軋轢が生まれていることもまた指摘したい。問6で見たように「見捨てられた」人々による自国第一主義やナショナリズムのほか、押し付けられたと感じる意識から排外主義に結びついていることを指摘できることが求められる。また、その動きを国家も利用していることが指摘できるとなおよい。中国を念頭に置きやすいが歴史を利用しながらナショナリズムを高揚させ、国家市場主義のような形で経済を成長させる国が見られる。民主主義国家でも「伝統」や「自助」・「共助」などによって社会福祉を削減しながら経済成長への投資をする姿が見られる。

　「共通化による多様化」というまとめ方も面白い。良い意味で多様性が認められるようになった一方で、自らと異なるものを受け入れる不安や苦悩から同一性や帰属意識を求めやすくなっていることも指摘できよう。その結果、イスラームに対する偏見や冒瀆などの排外主義から新たな衝突も生まれている。「多様性」を受け入れるためには何が必要なのか、考えるきっかけにしたい。

## 第5部　探究活動

### 1　現代の諸課題とグローバル化 → p.134〜

**探究主題・課題設定の着眼点（例）**

　歴史総合の学習上の5つの観点（「自由」「制限」、「平等」「格差」、「開発」「保全」、「統合」「分化」、「対立」「協調」）のいずれかに基づいて、探究主題・課題を考察・構想すると取り組みやすい。

資料1
- 19世紀（20世紀）から現代にいたるドイツの近隣諸国との関係の変化
- 第二次世界大戦の負の遺産に対するドイツの向き合い方

資料2
- 現在の日本（「私（たち）」）が直面する危機が生じた歴史的経緯
- 日本社会（「私（たち）」）の持続可能な発展の方向性
- 日本の新たな国際協調の方向性

資料3・4
- アメリカ社会の分断の構造と歴史的背景（グローバル化の影響、能力主義（学歴と年収）、人種・民族の経済格差など）
- エリート・富裕層に反発する人々の状況（年収からみた総人口に占める割合など）
- アジア・太平洋系移民の状況
- ※地理総合の教科書に掲載されているアメリカに関する記述・資料も参考となる

複合
- 第二次世界大戦の負の遺産に対する日本（「私（たち）」）の向き合い方（ドイツと比較）
- 日本社会（「私（たち）」）への新自由主義的政策やグローバル化の影響（アメリカ社会と比較）
- 経済格差のない多民族・多文化社会実現のための課題

---

　いったん作成した自分のレポートを、次の3点から自己評価してみよう。
① これまでの学習の成果（歴史的経緯の知識、社会的事象の歴史的な見方・考え方）を生かしてまとめることができたか。
② 複数の資料等を、公正に取り扱って考察・構想できたか。
③ 考察・構想したことから得られた結論は、資料等から導き出された根拠をふまえているか。

---

### 2　「歴史総合」全体を貫く探究活動
→ p.142〜

**探究主題・課題設定の着眼点（例）**

日本の歴史を題材とした例
- 琉球・沖縄史（日本への統合・同化から現代まで）
- アイヌ民族史（日本への統合・同化から現代まで）

多民族社会を題材とした例
- アメリカの移民・マイノリティの歴史にみられる「統合」「分化」、「同化」「異化」、「共生」「分断」の過程

---

- ※どこから、なぜアメリカへ移民したのかなど、移民の出身地域の事情も掘り下げるとより深い内容となる）
- ※ある特定のマイノリティ（イタリア系、アフリカ系、ヒスパニック、現代のインド系など）に限定してもよい
- ※地理総合の教科書にアメリカ、オーストラリア、カナダなどの多文化社会に関する記述・資料が掲載されているので参考となる

よりハイレベルな題材の例
- ドイツの近現代史（19世紀の統一、二度の大戦、国境の変遷、東西ドイツ統一、ヨーロッパ統合と移民）における「統合」「分化」、「同化」「異化」、「共生」「分断」の過程
- ※第一次世界大戦まで、20世紀前半、東西ドイツ統一後、というように一部の時代に限定してもよい
- ※地図帳に民族・言語分布や国境の変遷、地理総合の教科書にEU・多文化社会に関する記述・資料が掲載されているので参考となる

現代社会に生きる当事者としての探究例
- 近現代史の教訓に基づくこれからのグローバル社会のあり方（「共生」を中心に）
- 近現代史の教訓に基づくこれからの日本のあり方（「共生」を中心に）